Beltz Taschenbuch 60

Über dieses Buch:
Die themenzentrierte Interaktion, eine in therapeutischen und sozialen Arbeitsfeldern, aber auch in Wirtschaft und Politik seit vielen Jahren bewährte Methode, verbindet individuelle, zwischenmenschliche und sachliche Aspekte zu einem pädagogischen Konzept, das es ermöglicht, Lerninhalte und Arbeitsprobleme nicht nur vordergründig auf der intellektuellen Ebene abzuhandeln, sondern Kopf, Herz und Hand gleichermaßen einzubeziehen.
In dem Dreieck „Ich-Wir-Thema" werden Themen und Aufgaben ins Zentrum der beteiligten Personen gestellt (themenzentriert), um sie im Hin- und Her zwischen allen Beteiligten zu bearbeiten (interaktionell).
Nach einer Einführung in das ethische Fundament wird das methodische Konzept der TZI ausführlich und anschaulich dargestellt. Danach führen Praxisbeispiele aus verschiedenen Berufsbereichen nicht nur in die Anwendung der Methode ein, sondern verdeutlichen auch ihren hohen Stellenwert in der Erwachsenenbildung, der Beratung, im Lehrbetrieb von Hochschulen und Schulen.
So ist Barbara Langmaacks Einführung eine ideale Basislektüre nicht nur für Therapeuten, Lehrer und Sozialpädagogen, sondern für alle, die in und mit Gruppen lernen und arbeiten.

Die Autorin:
Barbara Langmaack, Diplom-Psychologin, ist Lehrbeauftragte für Themenzentrierte Interaktion in Hamburg.

Barbara Langmaack

Themenzentrierte Interaktion

Einführende Texte rund ums Dreieck

BELTZ
Taschenbuch

Besuchen Sie uns im Internet:
http://www.beltz.de

Beltz Taschenbuch 60
2000 Weinheim und Basel

unveränderter Nachdruck
der 3., korrigierten Auflage 1996

Umschlaggestaltung: Federico Luci, Köln
Umschlagphotographie: Tony Stone Bilderwelten, München
Druck und Bindung: Druckhaus Beltz, Hemsbach
Printed in Germany

ISBN 3 407 22060 X

Inhaltsverzeichnis

Vorwort zur 2. Auflage

Dieses Buch wird zum 2. Mal aufgelegt, nach drei Jahren mit unverändertem Inhalt.

Im erneuten Lesen des eigenen Buches stelle ich fest, daß die Leitlinien der Themenzentrierten Interaktion, so wie ich sie dargestellt habe, weiterhin stimmen. Die meisten Kapitel sagen auch heute noch aus, was sie aussagen sollen.

In einigen Kapiteln dagegen ist deutlich zu spüren, daß seit der Erstveröffentlichung drei Jahre vergangen sind, und zwar vor allem durch einschneidende Veränderungen in der Welt, in der wir leben.

Beides, die Kontinuität von Inhalt und Aussage und das Wahrnehmen von Wandel und Veränderungen von außen – und das Reagieren darauf – gehören zum Grundgedanken von TZI.

Neben dem gleichbleibenden Streben nach ganzheitlichem Denken und Handeln, ausgedrückt im Ich-Wir-Thema-Dreieck (Kap. IV), steht das Wissen um die Störungsdynamik (Kapitel XI).

Im wesentlichen diese beiden Strukturelemente, zusammen mit den Axiomen, ergeben den stabilen Teil der TZI, sozusagen das Standbein. Daneben, gleichsam als Spielbein, steht immer das neue Hinschauen, Wahrnehmen und Reagieren auf Veränderungen im Globe: Das Spielbein, welches sich aktiv einmischt, unbequem wird, mitgestaltet. Es ist der politische Ansatz, der versucht, Krisen wirklich als Chancen zu sehen und zu nutzen.

So sind die Kap. V, Kap. VIII und Kap. IX – drei Jahre nachdem sie geschrieben sind – in besonderer Weise Indizien für die momentane rasche Veränderung in Wirtschaft und Politik sowie im Sozialgefüge. Sie verdienen von daher besondere Aufmerksamkeit. Mehr als die anderen Texte, aber gestützt durch sie, stehen diese Kapitel im Brennpunkt der Aktualität. Hierbei sind sie untereinander im Verbund zu sehen.

Die komplexe Realität des Globes nimmt in den letzten Jahren in hohem Maß Einfluß auf die Personen und Sozialstrukturen und verändert dabei ebenso schnell Themenschwerpunkte einzelner Personen und Gruppen, läßt Fragen neu und anders stellen und ruft nach neuen Lehr- und Lernansätzen.

1989 schreibt Matthias Kroeger im Vorwort zur 4. Auflage von „Themenzentrierte Seelsorge“: „Die psychologische Welle ist abgeebbt, Therapie und Gruppenarbeit – obwohl immer noch dringend nötig – sind in die Rezession geraten.“

Heute – 1994 – ist die Welle des wirtschaftlichen Wachstums in ihrer langen Selbstverständlichkeit abgeebbt. Verloren gegangen bzw. extrem eingeschränkt ist dabei u. a. ein großer Teil von autonomer Berufswahl. Schwerwiegend ist ebenso, daß die Finanzierung von sozialem Engagement eine Grenze von Unbezahlbarkeit erreicht zu haben scheint – oder ist es doch eine Frage der Prioritätensetzung ?

Leider geraten in diesem Zuge auch Qualifizierung und Fortbildung in eine Rezession, und zwar zu einem Zeitpunkt, an dem sie dringender denn je nötig wären, um Menschen zu helfen, konstruktive Antworten auf die neuen Herausforderungen zu entwickeln.

Auf meinem Schreibtisch liegt eine mich erschreckende Notiz: „An Frühpensionierung führt kein Weg vorbei“ schreibt eine Wochenzeitschrift für technisches Management. Gemeint sind damit in Japan inzwischen 41jährige, in Deutschland 51jährige. Unter diesem Gesichtspunkt bekommt die Falldarstellung in Kap. V,2 noch einmal eine neue weltweite und viele betreffende Dimension.

Der Globe (Kap. IX) – diese zweifache Bezeichnung von Weltall und Augapfel stellt uns verstärkt vor die Aufgabe: Ohne Resignation die Balance zu suchen zwischen den Anforderungen des wetterwendischen Wirtschafts- und Politikklimas und der Fürsorge für den eigenen Augapfel, als sensibles Organ und Symbol für das eigene Selbst. Dabei ist das Wissen um die anderen und um das Verschränktsein miteinander unerläßlich.

TZI wird durch Lehre und durch Handeln vermittelt. So können diese Texte bei aller Allgemeingültigkeit nur meine Texte sein, welche ich mit der Anregung weitergebe, auch bei anderen TZI-Lehrern und Interpreten zu schauen, zu erleben, zu lernen.

Sommer 1994
Barbara Langmaack

I. Einstieg und aufmerksam werden

„Zu wissen, daß jeder Mensch zählt
ob schwarz, weiß, rot, gelb oder braun.
Die Erde zählt. Das Universum zählt.
Mein Leid zählt, Dein Leid zählt.
Wenn Du Dich nicht um mein Leid scherst
und mir Dein Kummer gleichgültig ist, so
werden wir beide von Hunger, Massenmord,
Krankheit ausgelöscht werden."
RUTH COHN

1. Was ist und wie entstand TZI?

In diesem Credo ist die Philosophie der Humanistischen Psychologie ausgedrückt, deren Wertmaßstäbe und Handlungsanweisungen Hintergrund für die *Themenzentrierte Interaktion* sind. Diese ist inzwischen unter dem Kürzel TZI im Lehr- und Lernbereich, im therapeutischen und sozialen Arbeitsfeld und in Wirtschaft und Politik als eine Methode bekannt geworden, die individuelle, zwischenmenschliche und sachliche Aspekte zu einem pädagogischen Konzept verbindet, das alle Chancen hat, Lerninhalte und Arbeitsprobleme nicht nur vordergründig auf der intellektuellen Ebene abzuhandeln, sondern Kopf, Herz und Hand gleichermaßen einzubeziehen.

Der intellektuell klingende Name *Themenzentrierte Interaktion*, der für eine sehr praktische Methode steht, wurde tatsächlich, so erzählt Ruth Cohn, auf intellektuellem Wege gesucht und gefunden. Er gewinnt schnell an Praxisbezug, wenn wir uns bewußt machen, das TZI dazu dient, Themen und Aufgaben ins Zentrum der beteiligten Personen zu stellen (*themenzentriert*), um sie dann im Hin und Her zwischen allen Beteiligten zu bearbeiten (*interaktionell*). Außerdem setzt sich TZI mit diesem Namen von den „themenlosen" Therapiegruppen ab, die den einzelnen zum Thema machen oder Themen einzelner jeweils im Prozeß aufgreifen.

Bei allen Konzepten der Humanistischen Psychologie sind Sinn- und Wertfragen von entscheidender Bedeutung: Hier ist das Bild vom Menschen durch persönliche Entwicklung während des ganzen Lebens, durch Selbstaktivierung und Eigenverantwortung charakterisiert. Der Glaube an die Fähigkeit des Menschen, aus eigener Kraft sein Leben mit zu gestalten, ist ein wichtiger Grundsatz der Humanistischen Psychologie. Auch die TZI, um deren Entwicklung und Anwendung es in den Texten dieses Buches geht, basiert auf diesen wertbetonenden Voraussetzungen.

Die Theorie und die Methodik der TZI verdanken wir der Psychotherapeutin Ruth Cohn, die sie von 1955 an in den USA entwickelte. Ruth Cohn arbeitete zunächst ausschließlich im therapeutischen Rahmen und hatte noch wenig Kontakt zu damals sich konstituierenden nichttherapeutischen Gruppen. TZI entstand auf der Basis ihres Berufes als Psychotherapeutin und ihrer Erfahrungen mit Kindern und in Schulen. Es war Ruth Cohns Idee, mehr Menschen als es über die Couch des Analytikers möglich war, therapeutisch zu erreichen. Sie suchte nach einem Konzept, das überall „funktioniert". Erst später traf Ruth Cohn mit Erlebnistherapeuten zusammen, deren Gedanken und Überzeugungen u. a. zur Weiterführung von TZI führten. Eine einflußnehmende Rolle spielte auch die Methode des bewußten Körpererlebens, wie Elsa Gindler sie lehrte.

2. Wer ist Ruth Cohn?

Ich möchte sie anhand ihrer Lebensdaten und eigener Aussagen vorstellen:

1912: In einer jüdischen Familie in Berlin geboren: „Meine Kindheitserinnerungen von Recht und Ungerechtigkeit, von sinnlosen Normen und Wahrheitsliebe, von Schuld, Reue und Vergebung – sie alle fanden Platz im Heimatrahmen eines ökonomisch sicheren und menschlich im wesentlichen liebevollen Elternhauses". (Cohn & Farau 1989)

1932: „Mich faszinierte die Möglichkeit, Menschen, denen es schlecht ging, von ihren Leiden zu befreien und gleichzeitig ihre Lebensgeschichte kennenzulernen. Ich betrachtete mich damals als Lyrikerin, suchte jedoch, quasi „nebenbei", nach einem „realistischen" Beruf. (Cohn & Farau 1989)

1933: Ruth Cohn verließ Deutschland am 31. März, dem Tag vor dem ersten Judenboykott. Sie ging in die Schweiz, wo sie ihre Universitätsstudien fortsetzte. Zentral jedoch war das außerakademische Studium der Psychoanalyse in der Internationalen Gesellschaft für Psychoanalyse. Innerlich und äußerlich nah an den Ereignissen in Deutschland wuchs ihr Wunsch, einen Weg zu finden, um nicht nur einige wenige Privilegierte zu heilen, sondern die psychodynamischen Kenntnisse für größere Kreise zugänglich machen zu können. Dies blieb die emotionale Basis für ihre Suche nach solchen Möglichkeiten. „Und durch all die Studienjahre war da die quälende Frage, ob man nicht Psychoanalyse und psychodynamische Kenntnisse nutzen könne, um großen Menschengruppen zu helfen, anstatt nur einzelnen Patienten." (Cohn 1990)

1941: Ruth Cohn emigrierte in die USA. Ihr erster Praxisraum dort war ein schäbiges Hotelzimmer: „Man hatte mir gesagt, daß appearances notwendig seien, z. B. eine Renommieradresse, um eine Praxis zu eröffnen. Dies traf nicht zu, weil ich von Anfang an nicht daran glaubte". (Farau & Cohn 1984, Cohn 1990)

1946 – 1965: „Man sagte mir, daß ein Gesetz vorbereitet würde, nachdem nur Ärzte Psychoanalyse praktizieren dürften, mit der möglichen Ausnahme von Kinderanalyse. So bereitete ich mich auf Kinderanalyse vor. Ich wollte nicht einsehen, daß Probleme von Kindern geringfügiger sein sollten als die von Erwachsenen, nur weil Kinder kleiner sind."

Sehr früh schon, lange vor den ersten TZI-Ansätzen, hatte Ruth Cohn den Körper in ihre therapeutische Arbeit einbezogen. „Dein Körper gehört Dir!" Dieser Satz, gelesen an einem Kiosk als 16jährige in Berlin, hatte Ruth Cohn erschrocken und verzaubert zugleich und von da an nicht mehr losgelassen. „Mit der holistischen (ganzheitlichen) Auffassung vom Menschen habe ich erkannt, daß nicht nur Krankheit von jedem Punkt der Seele und des Körpers her entstehen kann, sondern auch Gesundheit." (Cohn & Farau 1989, Cohn 1990)

1945: Auf direktem Weg zur TZI: Der Gegenübertragungs-Workshop: Abkehr von der „neutral-abstinenten" Haltung der klassischen

Psychoanalyse; ein Mutsprung zu Sichtbarkeit und menschlich partnerschaftlicher Verhaltensweise der Therapeutin (eine neue und für diese Zeit „unmögliche Sache“). Ruth Cohn demonstrierte Studierenden mit einem eigenen Fall ihre Schwierigkeiten mit einer Patientin. „Es war eine schwere, doch zweifellos die fruchtbarste Entscheidung meines professionellen Lebens.“ Durch eine große Anzahl solcher Gegenübertragungs-Workshops führte sie ihr Denken und Handeln mit Kollegen zur Möglichkeit, Gruppenleitenden aller Berufe und Tätigkeiten zu einer speziellen Ausbildung zu verhelfen.

1966: Mit zehn erfahrenen Kollegen Gründung des Ausbildungs- und Praxis-Instituts WILL (Workshop Institute for Living-Learning) in New York. (Cohn 1990)

1972: Nach vierjährigen Workshop-Reisen, auch von amerikanischen Kollegen, in Europas deutschsprachigen Ländern und in London: Gründung von WILL-Europa. (Cohn & Farau 1989)

1974: Seitdem lebt Ruth Cohn in der Schweiz: „Ende 1971 wurde mir klar, that you can’t burn the candle at both ends“. Eine Praxis in New York und eine Lehrtätigkeit auf zwei Kontinenten wurde zuviel. „So suchte ich in Amerika und Europa nach einem Ort, wo ich am besten mit TZI arbeiten könnte. Das fand ich nach einigen kurzen Versuchen in der Ecole d’Humanite, einem internationalen humanistisch-holistischen Internat. Dies ist der Wohnsitz meines Lebens und Wirkens geblieben.“ (Cohn & Farau 1989, Cohn 1990)

1979: Ruth Cohns Arbeit wurde mit der Verleihung der Ehrendoktorwürde durch die Universität Hamburg geehrt: „To the Doctor of Doctors!“ telegraphierte die WILL-New-York-Gruppe zu diesem Anlaß. (Festschrift für Ruth C. Cohn 1980)

1993: Verleihung des großen Verdienstkreuzes der Bundesrepublik Deutschland

1994: Verleihung der Ehrendoktorwürde der Universität Bern, Fachbereich Psychologie

3. An wen wendet sich TZI?

„TZI kann man nicht beschreiben, TZI muß man erleben!“ ist eine häufige Antwort auf die Frage, was TZI denn nun eigentlich sei. Die Antwort ist richtig und falsch zugleich. Eine Methode wie TZI könnte nicht lehr- und lernbar sein, wenn sie nicht auch beschreibbar wäre. Aber es ist typisch für alle erlebnisorientierten Methoden, daß die schriftliche Darstellung nur den einen Teil vermitteln kann. Der andere, persönlich-emotionale Teil muß dann wirklich in der Praxis erfahren werden. Dazu kommt auch, daß diejenigen, die TZI in der Praxis anwenden, meist keine Schreiber sind.

Gelegentlich wird Anstoß genommen am sogenannten „TZI-Jargon“, der als ausgrenzend erlebt wird. Ich glaube, daß jede Gruppe, die ein entsprechendes Wir-Gefühl entwickelt, mit ihm auch schnell zu einem eigenen Jargon findet, aber eine eigene TZI-Sprache gibt es nicht. TZI wurde und wird von Fachleuten entwickelt, angewandt und gelehrt. Sie benutzen ihre ethischen, therapeutisch-pädagogischen Fachausdrücke und lehren sie samt ihrer Bedeutung. Geschähe das nicht, so würde die Methodik der TZI und womöglich auch ihr Inhalt verflachen. Anliegen dieses Buches ist es, die Fachausdrücke zu übersetzen ohne den Inhalt und die eigentliche Aussage zu verwässern. Es wendet sich an die Fachfrau und den Fachmann „Mensch“.

Nicht jeder Teilnehmer möchte oder muß die Theorie hinter der Praxis der Gruppenleitung explizit verstehen. Aber gerade über den Weg der eigenen Erfahrung in Gruppen werden Menschen aufmerksam und neugierig auf die Methode und wollen sie dann auch verstehen.

Ich habe Gruppen geleitet, die hinterher fragten: „Was haben wir gemacht, irgendetwas war anders als sonst? Wir haben weniger Grabenkämpfe ausgeführt und wir haben über Dinge gesprochen, um die wir schon lange herumgeschlichen waren. Und die Resultate sehen wirklich realisierbar aus. Wir waren zwar nicht so euphorisch wie sonst, aber auch nicht so mutlos.“

So kann die Methode langsam eingeführt werden, indem sie angewandt wird und einen Prozeß entstehen läßt, der persönlich ist und auf Gruppe und Inhalt Bezug nimmt. Die Einbahnstraße einer schriftlichen Darstellung von TZI, die zwar inzwischen nicht mehr ungewöhnlich ist, beraubt sie eines ihrer wichtigsten Aspekte, der

Interaktion. Trotzdem soll versucht werden, auf dem Wege des Darüberlesens einzuführen und wenn möglich, neugierig zu machen auf einen Arbeits- und Lebensstil, in dem Menschen wirklich Arbeit und Leben miteinander verbinden können und darüber hinaus das Überleben aller im Auge haben.

TZI erreichte den deutschsprachigen Raum durch erste Besuche von Ruth Cohn (1969) und traf zeitlich auf eine Situation, in der die Welt größer zu werden schien und zugleich kleiner, in der die Möglichkeiten der Informationsvermittlung, die Erforschung und die Speicherung von Wissen ins Unermeßliche wuchsen und in der gleichzeitig ein stärkeres Bewußtsein dafür aufkeimte, daß die Ausnutzung der Welt so nicht mehr weitergehen kann.

Mit den Entdeckungen in Wissenschaft und Technik nahm auch das Interesse an der eigenen Person und an der Verbesserung von zwischenmenschlichen Beziehungen rasch zu und mit ihm ein großes Interesse an gruppendynamischen Trainings- und anderen Selbsterfahrungsmöglichkeiten. Diese wurden schnell als „Psychoszene" bekannt und wer nicht Insider war, der beobachtete deren Aktivitäten skeptisch oder offen ablehnend. Wenn wir der sog. Psychoszene die konservativen Lehr- und Therapiemethoden gegenüberstellen, so kann die TZI als Outsider von beiden gesehen werden.

Ihr Ansatz ist weder ein nur-therapeutischer, der sich der Person und ihrer Problematik zuwendet, noch ein nur-akademischer, der sich ausschließlich dem Stoff oder der Sache annimmt.

TZI sucht die Balance zwischen dem persönlichen Beteiligtsein und dem Interesse am Inhalt und an Interaktion und will dabei die Realität des jeweiligen Umfeldes mit einbeziehen.

Allzuoft scheitert eine Arbeitsaufgabe daran, daß nicht deutlich genug auf die Einwirkung emotionaler und psychosozialer Realitäten geachtet wird. Bei der Beschäftigung mit persönlichen Themen hingegen werden das Umfeld und die dort bestehenden Sachzwänge leicht in der Aufmerksamkeit vernachlässigt. Erst das Zusammenspiel, wie die TZI es anbietet, ermöglicht letztendlich intensiv bei der Sache zu bleiben und zufriedenstellende Lern- und Arbeitsziele zu erreichen, die von den Personen getragen werden.

Zuerst waren es die Therapeuten, dann die Lehrer und Sozialpädagogen, dann die Geistlichen, die an TZI-Seminaren Interesse gewannen. Im weiteren raschen Wachstum fand die TZI Einlaß in

Firmen, Organisationen und in der politischen Bildung. Darüber hinaus wird TZI im Einzelgespräch und in der Partnerberatung angewandt. Wenn wir für den Wirkungsbereich bisher von Gruppen und Teams sprechen, so bezieht das natürlich den einzelnen als Anwender mit ein. Die Themenzentrierte Interaktion richtet sich an Menschen, die wissen wollen

- wie man Arbeits- und Lernsituationen so strukturieren kann, daß die Menschen nicht nur vom Kopf her beteiligt sind, sondern sich als ganze Person ernst genommen fühlen;
- was man tun kann, damit politische, wirtschaftliche und bildende Interessen wirklich humane Ziele verfolgen und dementsprechende Wege gehen;
- und an solche, die nicht der Überzeugung sind, daß Hans nicht mehr lernt, was Hänschen nicht gelernt hat, sondern die an Wandel und Entwicklung glauben und dies verwirklichen wollen.
- Sie wendet sich auch an Menschen, die sich mit ihrem eigenen Denken und Handeln wirklich identifizieren wollen.*

TZI will wegführen vom positivistischen Wissenschaftsansatz, der davon ausgeht, daß nur die sogenannten objektiven Wahrnehmungen glaubwürdig seien und meßbare Relevanz hätten. TZI geht davon aus, daß auch innere subjektive Phänomene, solche, die nur von der Person selbst wahrgenommen und bezeugt werden, glaubwürdig sind und Wirklichkeit enthalten. Bei TZI geht es immer um das Zusammenführen von Objektivem und Subjektivem.

Der objektiven Frage: „Wie lautet unser Auftrag? Was ist unser Lernziel?“ gesellt sich die subjektive Fragestellung zu: „Was bedeutet Dir dieser Auftrag, dieses Lernanliegen? Was geht er jeden Beteiligten persönlich an? Wieviel Angst oder Freude macht er mir?“

---

* TZI – so wie ich es verstehe – wendet sich auch an Menschen, die mit der Ungleichbewertung von Mann und Frau und der maskulinen Dominanz – auch ausgedrückt in Sprache – nicht einverstanden sind. Trotzdem werden sie hier die „männliche“ Sprache immer da finden, wo sonst Schrägstriche oder Doppelformulierungen zum Ausgleich nötig wären. Diese dienen zwar der Sache, indem sie Aufmerksamkeit für das eigentliche Problem wecken, nicht aber dienen sie der Lesbarkeit und führen zu einem Schreibstil, der dem Inhalt nur undienlich sein kann.

Die äußere sowie die innere Wahrnehmung zu schulen, sie in Worte zu fassen und beide gemeinsam als Grundlage für Verhalten und Entscheidung zu nutzen, ist in diesem Zusammenhang ein Lernanliegen der TZI. Eingedenk dieser Vernetzung von objektiven und subjektiven Faktoren, von Sachinteresse und persönlicher Betroffenheit antwortet die TZI auf lebensfördernde Fragen:

Ich als *Person* bin gemeint:

- wie kann ich mich selbst so leiten, daß die entwicklungsfördernden und heilenden Kräfte in mir angeregt werden und die destruktiven Tendenzen reduziert werden

Ich in *Leitungsfunktion* bin gemeint:

- wie kann ich andere so leiten, daß ein Optimum an Selbstbestimmung und Mitsprache sich verknüpft mit verantwortlichem Hinschauen auf den anderen, seine Interessen und Fähigkeiten und auf die gemeinsame Aufgabe sowie deren Transfer ins Umfeld.

Ich als *Vorgesetzte* bin gemeint:

- wie kann ich in Institutionen und Betrieben die Arbeitsnotwendigkeiten und die Zielorientierung in Achtung vor den Bedürfnissen der Mitarbeiter und den zwischenmenschlichen Beziehungen verwirklichen.

Ich als *Lehrer* bin gemeint:

- wie kann ich das Lehren von Sachinhalten mit der Förderung des Zuwachses an Persönlichkeitsprofil verbinden, sowohl im Elementar-Schulbereich wie auch in der Hochschul- und Erwachsenenbildung.

Ich als *Kollegin* bin gemeint:

- wie kann ich in Arbeitsteams und bei Tagungen einen Stil entwickeln, mit dem wir kooperativ miteinander umgehen und den Sieger-Verlierer-Spielen so wenig Chance wie möglich geben.

Die Antworten auf diese lebensfördernden Fragen erfahren wir in der Methodik der TZI. Der Anspruch an dieses Lern- und Arbeitsprogramm mit humanistisch-ethischem Hintergrund mag hoch erscheinen und in der Tat setzt er ein hohes Maß an Einsicht und Veränderungswillen voraus.

Die TZI macht sich hierbei das „Gehen in kleinen Schritten“ zu eigen. Das mag sich für diejenigen, die gern große Sprünge machen und Resultate lieber heute als morgen sehen, wie eine Zumutung anhören. Für die anderen bietet es die Zuversicht des langen Atems und das Zutrauen auf lange Sicht. Es ist wie bei einem Schiff: Das

Ruder nur um weniges nach rechts oder links korrigiert, hat eine einschneidende Wirkung auf Ziel und Route. Jede Bewegung zählt und zeigt Wirkung.

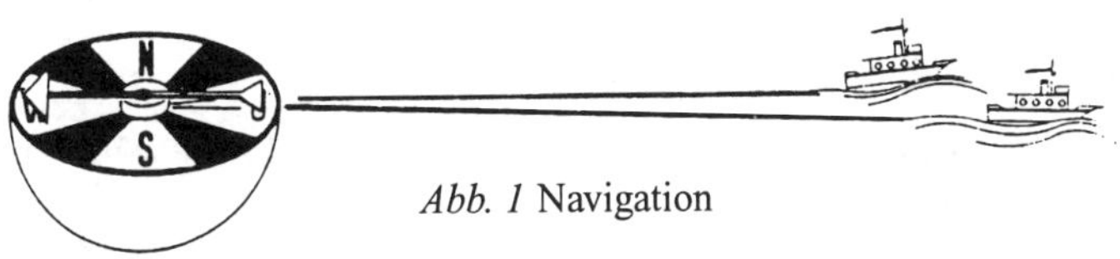

Abb. 1 Navigation

„Sie handelten ohne nachzudenken,
jetzt denken sie nach und können
nicht mehr handeln“

Dies las ich auf einem Brunnen in Villingen. TZI bietet ein Kommunikationsmodell an, in dem Denken und Nachdenken vor eigenverantwortetem Handeln geschehen soll.

II. Zum Aufbau dieses Buches

Das therapeutisch-pädagogische Konzept der TZI als Kompaß für humaneres Leben, Lernen und Arbeiten in einer zu humanisierenden Welt soll Hauptinhalt dieser Texte sein. Dieses Konzept alleine darzustellen, käme einem Hausbau gleich, dem das Fundament fehlt und der ohne eine Einbindung in die Landschaft dastehen müßte.

Um dieses Haus nicht auf tönerne Füße zu stellen und es seines Umfeldes zu berauben, werden wir uns auch mit seinem ethischen Fundament befassen, welches in den *Axiomen* ausgedrückt ist (Kapitel III). Sie enthalten die entscheidenden Voraussetzungen, ohne die die TZI zu einer Technik abgewertet würde, die ebenso gegen die Erhaltung humanere Werte eingesetzt werden könnte.

Die grundsätzlichen Aussagen der Axiome nehmen wir mit in die Darstellung des *Methodischen Konzeptes* der TZI, in dem die einzelnen Elemente, ausgehend von ihrem Kernstück, dem Dreieck, als Lebens- und Gruppenkonzept dargestellt werden (Kapitel V – XVII).

Danach führen *Praxisbeispiele* aus verschiedenen Berufsbereichen in die Anwendung der Methode ein (Kapitel XVIII). Dabei soll deutlich werden, daß es sich um ein Grundkonzept handelt, welches den Zielgruppen und den Arbeitsaufträgen entsprechend variabel anwendbar ist.

Eine kurze Einführung in die Aussagen der *Humanistischen Psychologie* wird die Texte abrunden (Kapitel XIX).

Nur in dieser Vernetzung von wertbetonenden Grundannahmen, aus denen sich eine Haltung entwickeln kann, der wiederum die Methodik den Rahmen und das Handwerkszeug liefert, ist TZI zu verstehen und erlernen.

Dieses Buch ist kein Leitfaden zum Planen und Leiten von Gruppen. Wer hier mehr erfahren möchte, sei hingewiesen auf Langmaack und Braune-Krickau, „Wie die Gruppe laufen lernt“ (1995) im gleichen Verlag. Dort findet sich ein Leitfaden für die Durchführung von Seminaren unterschiedlicher Zielgruppen und Arbeitsaufträge.

III. Die Axiome

Die TZI basiert, wie die anderen Methoden der Humanistischen Psychologie, auf wertbetonenden und wertgebundenen Voraussetzungen, welche in den Axiomen, als sich selbst erklärende Aussagen, benannt werden. Sie determinieren alle methodischen Schritte und ihre Präsenz ist ausschlaggebend dafür, daß Entscheidungen getroffen werden, bei denen wirklich der Mensch als Maßstab gilt und nicht rivalisierende Mächte und rein profitorientierte Ziele.

Die Axiome – wie Ruth Cohn sie selbst formuliert hat (Farau & Cohn 1984) – drücken ihr Anliegen in kurzem Wortlaut aus. Sie stehen dabei in interdependentem Zusammenhang und sind aus logischen und pragmatischen Gründen in ihrer Reihenfolge nicht auswechselbar.

Das existentiell-anthropologische Axiom

„Der Mensch ist eine psycho-biologische Einheit und ein Teil des Universums. Er ist darum gleicherweise autonom und interdependent. Die Autonomie des einzelnen ist um so größer, je mehr er sich seiner Interdependenz mit allen und allem bewußt wird."

Auf der Basis des Holismus (griech. holos = ganz) drückt dieses Axiom die Grundaspekte menschlichen Seins aus: Der Mensch hat physische, emotionale und intellektuelle Bedürfnisse und Erfahrungen, die nicht separiert werden können, sondern sich immer als Facetten der gleichen Einheit Mensch präsentieren. Wenn ein Teilbereich angerührt wird, reagiert der ganze Mensch. Durch eine verlorene Balance zwischen intellektuellen und emotional-körperlichen Kräften im Menschen wird das eigentlich Humane in ihm vernichtet: seine Liebesfähigkeit und seine intuitiven Fähigkeiten. Aber das Erleben des Menschen vollzieht sich nicht nur in ihm selbst, er ist immer auch in Kontakt mit seinen Beziehungswelten, die wiederum untereinander korrespondieren: Partner, Familie, Berufswelt, Gesellschaft, Menschheit. Je mehr er sich dieser Zusammenhänge und Abhängigkeiten bewußt wird, um so mehr Möglichkeiten hat er, um das zu verteidigen, was ihm voll Wert für sich und für die Welt erscheint.

Das ethisch-soziale Axiom

„Ehrfurcht gebührt allem Lebendigen und seinem Wachstum. Respekt vor dem Wachstum bedingt bewertende Entscheidungen. Das Humane ist wertvoll; Inhumanes ist wertbedrohend."

Dieses Axiom spricht uns besonders in unserer momentanen geschichtlichen Situation an, in der, wie in keiner anderen Zeit, fast alles machbar ist und wir wachen Verstandes herausfinden müssen, was von dem vielen Machbaren das Leben bewahren und fördern hilft. Wenn wir uns dabei nur um die Dinge, die auf technischen Mehrwert angelegt sind, kümmern, auf die Möglichkeiten, mit denen wir die Welt beherrschen können, dann werden nicht nur Bodenschätze und kosmische Hülle vergewaltigt und zerstört, sondern mit ihnen auch Seele und Geist. Ein Fortbestand humaner Werte wird nur möglich, wenn politische und wirtschaftliche Aktivitäten auf ethischen Überlegungen basieren, wenn die sogn. unbelebte Materie, flüssig, fest oder gasförmig, ebenso am „Leben" erhalten wird wie die belebte. Das darf nicht nur für „die da oben" gelten, das geht jeden an.

Das pragmatisch-politische Axiom*

„Freie Entscheidung geschieht innerhalb bedingender innerer und äußerer Grenzen. Erweiterung dieser Grenzen ist möglich!"

Ruth Cohn selbst interpretiert dieses Axiom so: „Freiheit im Entscheiden ist größer, wenn wir gesund, intelligent, materiell gesichert und geistig gereift sind, als wenn wir krank, beschränkt oder arm sind oder unter Gewalt und mangelnder Reife leiden". (Cohn 1975, S. 120)

Mit dieser Aussage und Begründung ergänzt das dritte Axiom die beiden vorausgegangenen, in dem es auf die freie Entscheidung in Bedingtheit innerer und äußerer Grenzen hinweist.

Besonders den zweiten Satz dieses Axioms müssen wir kritisch im Auge behalten, sind wir doch m. E. mit weiterem Wachstum an den „Grenzen des Wachstums" angelangt, es sei denn wir erschließen neue akzeptabele Ressourcen. Das wird nicht über Nacht geschehen, so wie wir nicht über Nacht an diese Grenzen gelangt sind.

Die Chance muß im Wachstum des geistig-seelischen Bereichs gesucht und gefördert werden.

---

* Pragmatisch bedeutet hier praxis- und wertbezogen.
Jeder Situation sind Grenzen gewiesen. Aber jede Grenzsituation unterliegt auch Wandel und Veränderung, die es jeweils neu auszuloten gilt. Krankheit, Aufenthalt in fremder Umgebung, Arbeitslosigkeit oder ein großer Gewinn z. B., verändern bestehende Grenzen im persönlichen Bereich. Politische Ereignisse verändern Grenzen im gesellschaftlich-wirtschaftlichen Bereich. Mit neuen Grenzsetzungen kommt auch neue Verantwortlichkeit auf: Wir sind nicht Opfer unseres Schicksals, wir sind beteiligt an Grenzverschiebung im privaten und öffentlichen Bereich. Und noch auf einen weiteren Aspekt im Umgang mit Grenzen möchte ich hinweisen: Oft versäumen wir, den uns gegebenen Raum überhaupt voll zu nutzen. Viel zu früh richten wir uns in vermeintlichen Grenzen ein, ohne auszuloten, welcher Raum uns wirklich, ohne Schaden zu nehmen oder anzurichten, zur Verfügung steht. Die Aussage dieses dritten Axioms will auch hier Mut machen zur kreativen Ausgestaltung jenes gegebenen Freiraums.

IV. TZI: Kompaß zum Planen, Leiten und Leben

Der Methodik der TZI, die Ausdruck einer bewußten Haltung ist, sind die folgenden Kapitel gewidmet. Sie hat eine relativ übersichtliche Grundstruktur, bei der alle Einzelelemente im Kontext zueinander stehen. Sie kann, einem Kompaß gleich, als Wegweiser zum Planen und Leiten von Gruppen, Arbeitsteams, Unterrichtseinheiten u. ä. genutzt werden. Darüber hinaus dient sie der Förderung jeglicher Kommunikation und kooperativem Verhalten.

Diese Methodik beruht auf der Arbeitshypothese, daß

- jede Person (das Ich),
- die Interaktion untereinander (das Wir) und
- die gemeinsame Sache, der Lernstoff oder die Arbeitsaufgabe (das Thema)

von grundsätzlich gleicher Wichtigkeit sind und in der Gruppenarbeit, aber nicht nur da, gleichen Stellenwert haben. Diese aufeinander bezogenen Schwerpunkte Ich, Wir und Thema werden hineingestellt in das jeweils konkrete Umfeld von Zeit und Situation, in den Globe.

Konzentrischen Kreisen gleich umgibt er sie als soziales, politisches oder kulturelles System. Globe – das ist auch die Ökologie der Welt. Für den Globe (engl. Erdkugel und Augapfel) wurde der ursprünglich amerikanische Begriff im Deutschen weitgehendst beibehalten.

Der Wirkungszusammenhang dieser vier Faktoren wird in einer einfachen Graphik dargestellt: ein gleichseitiges, unbetontes Dreieck, von einer Kugel umgeben. Es kommt einer eingefrorenen Bewegung gleich, die für das Prinzip der Balance steht.

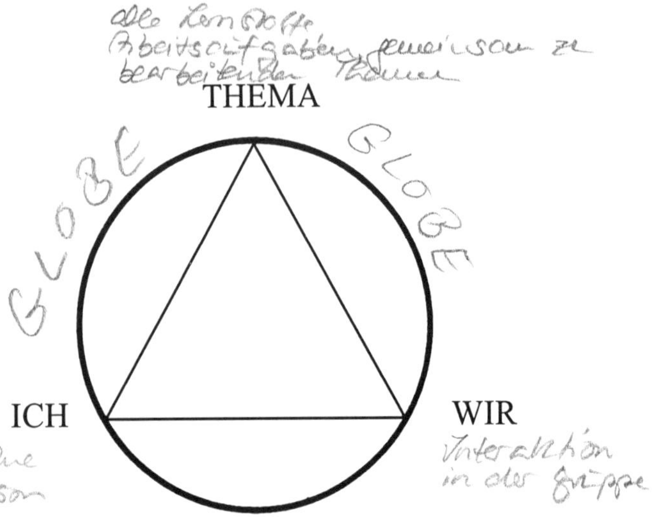

Abb. 2 TZI-Dreieck

„Eines nachts“, so erzählt Ruth Cohn über die Entwicklung dieser Graphik, „träumte ich von einer gleichseitigen Pyramide. Im Aufwachen wurde mir klar, daß ich die Grundlage meiner Arbeit erträumt hatte. Die gleichseitige Traumpyramide bedeutete mir: Vier Punkte bestimmen meine Gruppenarbeit“. Aus der Pyramide wurde aus darstellerischen Gründen ein Dreieck, der vierte Punkt durch einen Kreis dargestellt.

Bei diesem Dreieck in der Kugel steht das Ich für die einzelnen Personen, das Wir für die Interaktion der Gruppe und das Thema für alle Lernstoffe, Arbeitsaufgaben, gemeinsam zu bearbeitenden Themen. Der Globe bezeichnet alles, was den einzelnen und die Gruppe umgibt und beeinflußt.

Dieses Modell ist für jeden TZI-Gruppenleiter ständig begleitende Hintergrundfigur und wird uns auch durch das Buch begleiten. Um optimale Bedingungen für Kommunikation zu haben, wird angeregt, dieses Dreieck im Arbeitsprozeß immer wieder in ein Gleichgewicht zu bringen und den Globe zu beachten.

Darüber hinaus wird die thematische Dimension hier besonderen Raum einnehmen. Die Themenzentriertheit hat der Methode einen Teil ihres Namens gegeben. Sie ist es auch, die die Methode von anderen dergestalt unterscheidet, daß immer das Thema zentraler Mittelpunkt allen gemeinsamen Tuns ist.

Wir werden im Kapitel XVIII ausführlich über diese Anwendung in der Praxis erfahren.

Dieses Ausbalancieren zwischen Ich, Wir, Thema und Globe, wird unterstützt und begleitet durch die Postulate und Hilfsregeln.

Das erste der beiden Postulate: „Sei Dein eigener Chairman“ ist ein wichtiges Angebot, um individuelles Verhalten zu fördern und Ich-Stärkung zu ermöglichen (Kap. X). Das zweite Postulat: „Störungen haben Vorrang“ regt dazu an, die Beunruhigungen und Betroffenheiten im gemeinsamen Prozeß nicht auszublenden, sondern sie als aufschlußreiche Nachricht zu verstehen und diese zu integrieren (Kap. XI).

Ergänzende Hilfsregeln lassen jede Kommunikation klarer und offener werden, sie bringen Denken und Fühlen in einen besseren Einklang und begleiten Reifungsprozesse. Sie sollen nicht reglementieren, sondern erleichtern, sie sollen in verstehendem Geist als variables Angebot gelten. Eine Auswahl dieser Regeln und Hinweise zu ihrer Anwendung finden wir in den Kapiteln XII – XVI.

Für die Umsetzung der Methode sollte jeder zunächst selbst sein eigener Anwendungsbereich sein. Es ist vor allem in Anfangssituationen die einzige Möglichkeit, um bewußt auszuprobieren, wie ich eigentlich selbst mit der Dreiecksbalance, mit dem Versuch, ich selbst zu sein, zurechtkomme. Das allein hat schon Wirkung auf das Umfeld. Dann aber, wenn ich selbst mit der TZI vertraut bin, beginnt der schwierige und spannende Weg, ein erstes Lern- und Arbeitsangebot im Sinne der TZI an andere weiterzugeben.

V. Das Kräftespiel von Ich-Wir-Thema und Globe

1. Dreieck und Eisbergtheorie

In diesem Kapitel wollen wir das Dreieck als Kernstück der TZI im Hinblick auf seine Alltagsrelevanz anschauen. Wir wissen aus der methodischen Darstellung und aus den Axiomen, daß das Dreieck darauf hinweist, daß Menschen nicht in Kopf und Seele, in Körper und Gefühl aufzuteilen sind und daß ihre eigene Wirklichkeit immer mit der Wirklichkeit der Welt, in der sie leben, korrespondiert.

Nun geschieht es aber nicht von selbst, daß Ich, Wir und Thema gleichwertig behandelt werden und daß ebenso die Impulse aus dem Globe Berücksichtigung finden. Dieses Bemühen um Balance zwischen allen vier Punkten ist ein aktiver Akt, der dem Menschen als Aufgabe zugemutet wird, hat er sich einmal auf diesen selbstbestimmten Weg begeben. Es geht dann darum, eine Lebensbalance zu finden, die wirklich Bewegung ist.

Es liegt in der Natur der Sache, daß Balance nicht Statik bedeutet, daß Menschen und ihr Umgang miteinander nicht ein für alle Mal in eine sachliche und psychische Position gebracht werden können. Damit wäre jede Chance für Veränderung und Wachstum verhindert. Dynamische Balance im TZI-Sinn ist der fortlaufende Wechsel von Balance verlieren und Balance neu finden.

Für einen kürzeren oder längeren Zeitraum ist ein Gleichgewicht erreicht, das für alle stimmt. Immer aber droht das Aus-der-Balance-Geraten: ein eiliges Sachziel dominiert die Ich-Wir-Aspekte, ein Forschungsthema nimmt alle gefangen, sichtbare Resultate sind gefordert. Oder Beziehungsthemen lassen jeden realen Anspruch in den Hintergrund treten. Gelegentlich lassen wir uns auch von realen oder vermeintlichen Forderungen der Umwelt aus der Balance bringen, setzen unsere Maßstäbe, was Verdienst und Anerkennung angeht, zu hoch, bis uns dann häufig vom Körper signalisiert wird: „Hier stimmt etwas nicht!" Eine Krankheit gibt uns ein Signal, daß Dreieck und Globe keine gesunde Einheit darstellen.

So merkwürdig das klingt: dieses Verlieren und Wiederfinden von Balance scheint doch notwendig zu sein. Es veranlaßt uns, Neues zu tun, kreativ zu werden, einen Schritt über die Angst hinaus zu wagen, um in unbekannte Bereiche vorzudringen und dabei das Leben in Fluß zu halten.

Manch einer möchte zum Augenblicke sagen: „Verweile doch, du bist so schön", und würde aber damit in eine tödliche Statik geraten. Mit diesem Zitat aus Goethes Faust möchten manche wohl die unbequeme Unbalance beschwören. Aber wie Faust würden sie damit in die Fänge des Mephisto geraten, in denen sie ihre Lebendigkeit drangeben müssen. Eine lebendige, wenn auch nicht immer problemlose Dynamik hätte einer Stagnation Platz gemacht, die ihrerseits nicht problemlos wäre.

Das Dreieck als Diagnose und Selbststeuerungselement eingesetzt, zeigt auf, wo Stagnation einzutreten scheint oder wo eine zu heftige Dynamik den Blick für die Zusammenhänge versperrt. Um diese Dynamik aus der Praxis heraus zu verstehen, wenden wir uns in diesem Text einem Fallbeispiel zu und lassen uns u. a. vom Dreieck der TZI als Diagnoseinstrument leiten. Wir werden auf diesem Wege verstehen, warum unser Gesprächspartner in Unruhe geraten ist und wir werden anhand des Dreiecks erleben, wie er eine neue Balance findet.

Dieses Dreieck und seine Bedeutung als Balanceinstrument läßt sich unschwer auf das Bild vom Eisberg, in der (psychologischen) Literatur hinlänglich in seiner Bedeutung bekannt, übertragen.

Ehe das Praxisbeispiel auf die Alltagsrelevanz beider Modelle, Dreieck und Eisberg, hinweisen soll, möchte ich in diesem Zusammenhang mit dieser Eisbergtheorie bekannt machen (vgl. auch French & Bell 1973). Wo immer Menschen zusammenleben und arbeiten, spielen sich die Ereignisse zwischen ihnen auf mehreren Ebenen ab. Auf der ersten Ebene handelt es sich um die *sachlogischen Zusammenhänge* und um gemeinsame Themen und Interessenbereiche, um Arbeitsanliegen und Aufträge, um Lernaufgaben, um

Zielsetzungen und Informationen und um organisatorische Dinge. All diese vielschichtigen „Dritten Sachen“ (ich entleihe mir diesen Ausdruck von Bert Brecht), die Menschen untereinander verbinden, sind relativ problemlos zu beschreiben. Sie lassen sich (im Gegensatz zu den Inhalten einer zweiten Ebene, die wir nachher ansehen werden) relativ klar in Sprache ausdrücken, sind hinterfragbar und zeigen meist ein sichtbares Ergebnis.

Es kann ebenso ein Lern- oder Forschungsgebiet sein, wie die Entwicklung eines technischen Systems oder die Organisation von Arbeitsabläufen, Konferenzen oder pflegerischer Versorgung.

Wer aber mit Menschen zu tun hat und das hat nahezu jeder, der weiß zumeist aus eigener Erfahrung, daß da immer noch etwas anderes mitläuft, das sich nicht so mühelos aufspüren und beschreiben läßt. Auf dieser zweiten Ebene handelt es sich um *psychologische, psychosoziale Zusammenhänge*. Hier kommt es auf die Sozialkompetenz an, die der einzelne entwickelt hat oder entwickeln muß und ins Spiel bringt. Manchmal lassen sich die Dinge auf dieser Ebene genauso einfach feststellen und ausdrücken wie die auf der Sachebene.

Meist aber sind sie viel komplizierter und verborgener und nur schwer in Worte zu fassen. Es geht hier nämlich um Freude und Sympathie, um Ärger oder Antipathie, um den Wunsch nach Anerkennung und Lob, hier geht es um Status (wer hat hier welches Vorrecht, wer hat das Sagen?) oder um Tabus (was darf man, was tut man nicht?). Die ganze Spannbreite der Ängste und Wünsche ist hier beheimatet. Hier entsteht Mißtrauen und Zuversicht. Die Inhalte dieser psychosozialen Ebene sind gekennzeichnet durch alles, was zwischenmenschlichen Beziehungen Charme und Lebendigkeit gibt, aber eben auch Ärger und Hickhack.

Die Vorgänge auf dieser Ebene geben entscheidende Impulse für das Geschehen auf der sachlogischen Ebene. Energiequellen liegen hier dicht neben Energiebremsen, meist weniger bewußt, dafür um so schneller aktiviert. Ein kleines Ereignis auf der Sachebene kann schon Impulse auf der zweiten Ebene wandeln und umgekehrt.

Beide Ebenen stehen in einer engen, nicht voneinander zu trennenden Wechselbeziehung zueinander. Mal mehr, mal weniger, drohen sie sich auch gegenseitig ihre Aufmerksamkeit zu stehlen. Vernachlässigen wir über eine längere Zeit die eine oder andere Ebene, so läßt die Arbeitsenergie schnell nach und die Zusammenarbeit droht aufzufliegen. Auch wenn wir noch so ausdrücklich dazu auffordern: „Bleiben wir doch sachlich!“, die „unsachlichen“ Energien aus der zweiten Ebene drängen sich auf, spielen mit und entscheiden zuletzt. Wo wir ihnen allzuwenig Raum geben oder sie gar ignorieren, binden sie unbewußt einen guten Teil aller Energien und schaffen sich häufig durch schein-rationale Argumente Luft. Beziehungsschwierigkeiten aus der zweiten Ebene werden dann in Sachaussagen gekleidet.

Die Analogie zu einem Eisberg liegt nahe. Sein sichtbarer Teil umfaßt ja bekanntlich nur etwa ein Siebtel der Gesamtmasse. Der größere Teil hält sich unter der Wasseroberfläche verborgen, was ihn zunächst relativ harmlos erscheinen läßt.

Abb. 3 Eisberg

Wenden wir dieses Bild auf die Zusammenarbeit von Menschen an, so handelt es sich beim sichtbaren Teil um die Aufgaben- und Sachebene, während sich alles andere als emotionale und soziale Faktoren im unteren Teil verborgen hält und dort in seinem Umfang schwer auszumachen ist.

Bleiben wir beim Bild des Eisbergs, so wissen wir auch, daß die Gefahr des Zusammenstoßes und des Kenterns von diesem unteren Teil ausgeht und nicht von der sichtbaren Spitze und deren Größe beurteilt werden darf. Nur ein gutes Echolot und eine sorgfältige

Navigation, sprich eine gute Aufmerksamkeit, Kenntnis und Gespür für diese verborgene Ebene, schützen vor Auflaufen oder Kentern. Will man also auf der Sachebene Ergebnisse erzielen, so muß man ein gewisses Gespür für das Geschehen unterhalb der Wasseroberfläche entwickeln. Erkennen der psychosozialen Ebene hilft der Lösung mehr als dieses Geschehen zu leugnen oder zu verdrängen. Die Vorgänge auf der psychosozialen Ebene lassen sich nicht separieren und bestimmen entscheidend die Geschicke mit.

Jede Gruppe, jedes Arbeitsteam, welches Sachprobleme zu lösen hat, muß mit gleicher Aufmerksamkeit für das eigene „soziale Innenleben" sorgen und muß dafür Spielregeln entwickeln. Diese müssen den Sachaufgaben gerecht werden, vor allem aber müßen im Katalog gegenseitiger Absprachen solche enthalten sein, die die Bedürfnisse und Ängste aus der psychosozialen Ebene aufgreifen.

Um diesen Zusammenhang von sachlicher und psychosozialer Komponente, wie im Bild des Eisbergs veranschaulicht, bewußt zu machen und diese Zusammengehörigkeit zu nutzen, bietet die TZI das Dreieck an, einem Kompaß ähnlich, der uns Auskunft gibt über das derzeitige Gefälle von Sach- und Beziehungsebene. Eine Ecke des Dreiecks ist gleichzusetzen mit dem oberen Eisbergteil, die beiden anderen Ecken kennzeichnen die Individualität und die Gemeinsamkeit der Gruppe und die damit verbundenen, psychosozialen Aspekte.

Der Kreis, der das Dreieck als Globe umgibt, kommt dem Wasser gleich, in dem der Eisberg schwimmt. Wie ein Eisberg ohne Wasser nicht denkbar ist, würde das Ich-Wir-Themen-Dreieck ohne Globe-Kreis zu einem unrealistischen Werkzeug degradiert. „Wer den Globe nicht kennt, den frißt er", sagt Ruth Cohn.

Der Globe umfaßt alles:

- das Zeitbudget, das uns zur Verfügung steht;
- die finanziellen Möglichkeiten;
- die Gesetze und die Grenzen;
- die politische, familiäre, berufliche Landschaft und die Hierarchien darin;
- das Alter, das Geschlecht, die Schichtzugehörigkeit der Menschen, mit denen wir zu tun haben;
- die Geschichte, individuell und universal.

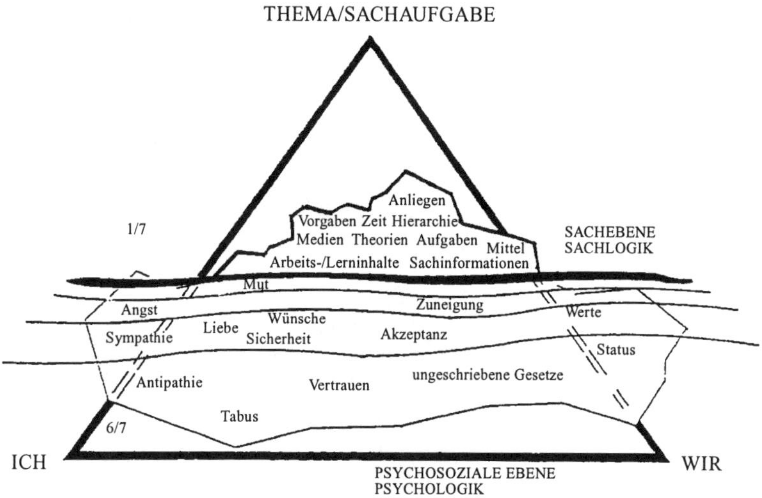

Abb. 4 Eisberg und Dreieck

Viele Gedanken empfangen wir aus diesem Globe und geben neue an ihn zurück, auch Gefühle werden dort geweckt. So entwickeln zum Beispiel einzelne oder Gruppen, angestoßen durch Nachrichten über die erschreckenden Folgen der Umweltverschmutzung, Konzepte für einen sparsamen Umgang mit Rohstoffen und Möglichkeiten der Müllminderung und geben diese weiter.

Wie wir den Eisberg nur zweidimensional darstellen können, so fehlt uns auch für das Dreieck die dritte darstellende Ebene. Stellen wir es uns aber in seiner Mitte auf einer Nadel schwebend vor, so bekommen wir einen Eindruck seiner Balancefähigkeit und seiner Balanceanfälligkeit.

Nur selten leben und handeln wir in einem ausbalancierten Dreieck. In der Arbeitswelt, in der die sogenannten Sachzwänge vorherrschen, dominiert meist das Hinschauen aufs Thema und aufs Umfeld. Damit wird das Dreieck zu einem Sachtorso degradiert. Man konzentriert sich im wesentlichen auf die Eisbergspitze und tut strikt die Dinge, die zur Zielerreichung notwendig sind.

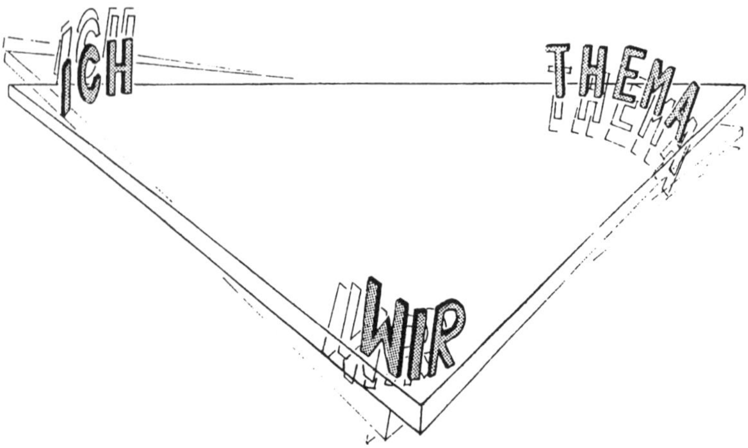

Abb. 5 TZI-Dreieck im Balancespiel

Dabei wird schnell übersehen, daß die Bedürfnisse aus dem Ich und aus dem Wir-Aspekt sehr wohl vorhanden und lebendig sind und darauf drängen, ihren Raum zu bekommen. Wenn sinnvolle, gut durchdachte und objektiv notwendige Dinge nicht funktionieren, dann meist deshalb, weil auf der emotionalen Ebene etwas blokkiert: Rivalität, Angst, Neid oder Zuneigung regieren aus ihrem

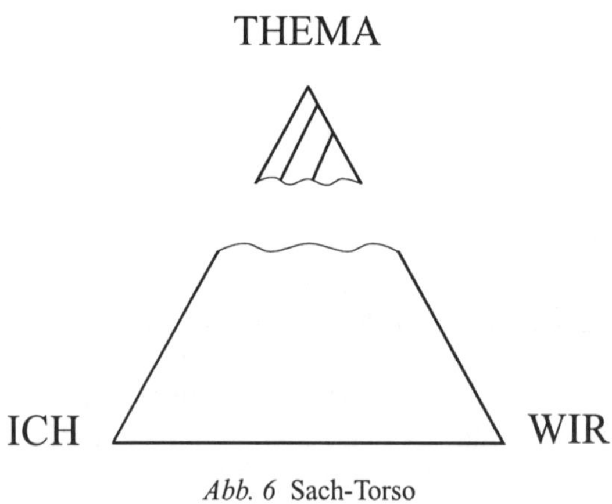

Abb. 6 Sach-Torso

Schattendasein und lehnen sich gegen ein Handeln in die gewünschte Richtung auf. Dabei hat die emotionale Ebene noch nicht einmal immer recht. Aber sie hat meistens die Macht.

Während Arbeitsbereiche häufig als solche Inseln der Sachlichkeit erlebt werden, führen persönlichkeitsorientierte Angebote gelegentlich auf nie gekannte Inseln der Emotionalität und bilden ihrerseits einen Torso, dem die Realitätsbezogenheit fehlt.

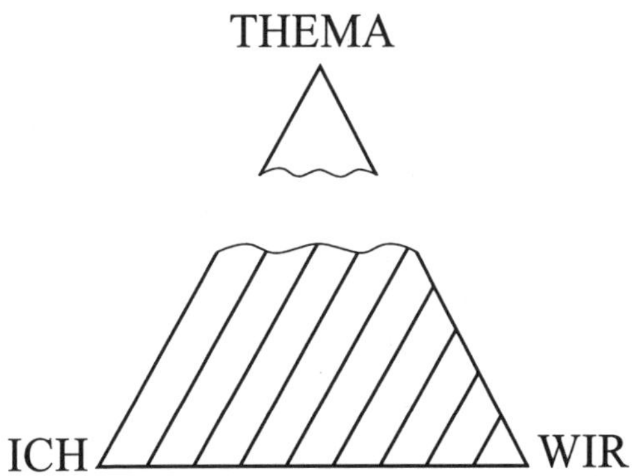

Abb. 7 Beziehungs-Torso

Die Realität der Umwelt, die Realität der Dinge und die Realität der individuellen Innenwelt bestimmen aber gemeinsam unser Leben, vor allem auch unsere Arbeitswelt.

Dieses will die TZI mit dem Balancegedanken des Dreiecks und der Autorität des Globes als Rahmen und Grenze verwirklichen.

Wir werden auf dieses Grundkonzept des Dreiecks auch in anderen Zusammenhängen im Verlauf der weiteren Kapitel zurückgreifen, ergänzt durch andere Grundelemente, die TZI ausmachen. Zunächst wollen wir uns die „Eisberglogik“ und die „Dreieckswahrheit“ an einer Alltagsgeschichte verdeutlichen.

2. Auf dem Weg zu neuem Gleichgewicht

Eine Falldarstellung soll uns nun mitnehmen in das Berufsfeld eines Wirtschaftsunternehmens, genauer gesagt zu einem seiner langjährigen Mitarbeiter, der an der Schwelle zwischen Beruf und Privatleben steht und nach neuem Gleichgewicht sucht.

Vor einigen Jahren hat man das Wort „Vorruhestand" noch kaum gekannt. Ich hörte es von Herrn S. am Telefon zum ersten Mal, als er mich um einen Gesprächstermin bat, und mir zu seiner Person nicht recht sagen konnte, ob er nun ein Arbeitsloser sei, der noch nicht Pensionär sein wollte, oder ein Pensionär, der nicht arbeitslos sein wollte. Dazwischen schien sein Problem zu liegen. Es war nicht einfach, sich mit ihm zu verabreden, er, von dem ich phantasierte, er habe alle Zeit dieser Welt zur Verfügung, da er ja nicht mehr berufstätig war. Wir sahen uns dann zum verabredeten Termin und hier ist seine Geschichte, die Geschichte seines Unbehagens und seiner Unzufriedenheit, aus der er herauskommen wollte.

„Morgens, wenn ich aufstehe", so schilderte er mir seine Situation, „dann denke ich, welch eine prima Firma, die mir mit 55, im besten Alter und gesund, alle Freiheit gibt und noch 75 % des Gehalts. Und abends, wenn ich nicht ins Bett finden kann, dann denke ich: unmögliche Firma, schickt mich einfach weg, braucht mich nicht. Für Jüngere Platz machen! Eine Wut packt mich. ‚Reorganisation' nennen die das. Ich finde es ja eigentlich gut, aber warum trifft es gerade mich? Wer reorganisiert mich? Bin ich nun arbeitslos oder pensioniert?"

Er erklärte mir die Unternehmenspolitik, die er eigentlich befürwortet, er rechnete mir seinen Lebensstandard vor, der ihm noch vieles erlaubte. Trotzdem, er könne sich seine Unruhe nicht erklären.

„Und meine Frau erst – irgendwie ist alles aus dem Lot geraten", schloß er seinen Bericht.

Aus dem Lot geraten, die Balance verloren, das war die unmittelbare Erfahrung, die dieser Mensch und seine Familie mit ihm gerade machte. Seine Tage waren vollgepackt mit allem Möglichen, er wußte selbst nicht, wie sie verflossen. Nur die Unruhe wuchs.

Steigen wir zunächst einmal aus dem Gespräch aus, um uns die Frage nach dem Im-Lot-sein genauer zu stellen.

Maria Jahoda, die 1907 in Wien geborene Sozialwissenschaftlerin, die sich mit großem Engagement mit der Arbeitslosigkeit, ihrer Auswirkung sowie mit der Humanisierung der Arbeit befaßte, weist uns auf eine Antwort hin, die in gewisser Weise mit dem Gedanken der Dreiecksbalance korrespondiert:

> *„Der Mensch braucht so viel Arbeit,*
> *daß er den Kontakt zur gesellschaftlichen,*
> *politischen und kulturellen Realität nicht*
> *verliert".* (Interview mit Maria Jahoda 1985)

Sie greift damit eine Aussage Freuds auf, der Arbeit für das stärkste Band des Menschen an die ihn umgebende Realität hielt, Arbeit im weiteren Sinne des Wortbegriffs. Es entspricht durchaus auch der Auffassung der TZI, daß Arbeit auch heute noch eines der wichtigen Felder ist, in denen der Mensch sich entwickeln kann.

Die Arbeit zu verlieren, vor allem, wenn es mehr oder weniger unfreiwillig geschieht, und ohne guten Übergang in andere Tätigkeitsbereiche, stellt die Identität des Menschen in Frage. In der Begrifflichkeit der TZI ausgedrückt, heißt diese Aussage:

- Das Ich kann nur im Wir einer Gruppe politisch, kulturell oder produzierend tätig sein.
- Das Wir der Gruppe wiederum bietet einen Aktionsraum und ein Echo für die Individualität meines Ichs.
- Menschen kommen in interaktionellen Kontakt zueinander, durch gemeinsame Themen, durch eine gemeinsame Aufgabe.

Die These von Maria Jahoda, 1922 aufgeschrieben, hat ihre Gültigkeit bis heute nicht verloren. Wenn wir sie auf dem Hintergrund der TZI ansehen, so müssen wir sie allerdings zunächst um eine ebenso wichtige Komponente erweitern, nämlich um den Kontakt zur eigenen Person.

> *Die Aussage würde dann heißen:*
> *Der Mensch braucht so viel Arbeit,*
> *daß er den Kontakt zur gesellschaftlichen,*
> *politischen und kulturellen Realität nicht*
> *verliert, und ebenso den Kontakt zu sich*
> *selbst, zu seiner inneren Realität, zu seinen*
> *Fähigkeiten, zu seinen Wünschen und Befürchtungen.*

Es entsteht eine interessante Parallelität der Inhalte des TZI-Konzepts und der Bedeutung von Arbeit, der hier weiter nachgegangen werden soll.

Wo das Dreieck von Themen spricht, nennt Maria Jahoda es Realitäten; das schließt auch das Umfeld, den Globe, diesen vierten Faktor, den wir in der TZI als Kreis um das Dreieck kennen, mit ein. Die Wichtigkeit der Arbeit legt M. Jahoda in fünf Erlebnisbereichen dar, die wiederum mit dem TZI-Dreieck korrespondieren.

Jede normale Arbeit, jede Tätigkeit bietet eine Vielzahl von Erlebnisbereichen, die in ihrem Zusammenspiel die Ich-Wir-Themen-Balance ermöglichen und den Kontakt zur Welt herstellen. So verstanden ist irgendeine Form von Tätigkeit für jeden Menschen unverzichtbar.

Solange man einer Berufstätigkeit nachgeht, sind diese Erlebnisbereiche auch im Arbeitsfeld abgedeckt und man kann sich nur schwer andere Lebensinhalte gleicher Qualität vorstellen.

„Läßt sich solche Ich-Wir-Themen-Balance nicht anders herstellen? Muß es denn immer Berufstätigkeit sein?“ wird sich mancher Leser fragen. Es muß kein Beruf im engeren Sinn sein und ebenso ist relativ unwichtig, ob man die Tätigkeit liebt oder ob man sie zeitweilig auch ablehnt, auf ihre Routine schimpft. Auch ist es unwichtig, ob sie geistiger, praktischer oder sozialer Natur ist, ob sie lange dauert oder ob sie nur Stunden füllt. Wie immer ich zu meiner Tätigkeit stehe, sie bietet Erlebnisbereiche.

Der *1. Erlebnisbereich* ist die ordnende Gliederung der Zeit, des Tagesablaufs, die dem 24-Stunden-Budget seine äußere Struktur gibt. Der Ärger über den frühen Wecker wechselt sich mit der Vorfreude auf den Sonntag ab. Berufliche Termine blockieren private, Dienst- und Ferienreisen unterbrechen die eintönige Routine. Und schließlich kann man nur von „Feierabend“ sprechen, wenn vorher Arbeit war. Dehnt sich der Feierabend erst über den ganzen Tag aus, so hat er bestimmt an Reiz verloren.

Zu diesem Erlebnis der ordnenden Gliederung gehört auch der eigene Rhythmus. Wann kann ich eigentlich welche Tätigkeit am besten, wann braucht mein Körper Essen und wann Schlaf? Und wie kann ich das zeitlich koordinieren mit fremdbestimmten Terminen.

Der einzelne erhält die Impulse zur ordnenden Gliederung seines Tagesablaufs aus dem ihn umgebenden Umfeld, aus Arbeitsaufgaben und von anderen Menschen. Sie stellen sich als Wünsche und Ansprüche von Vorgesetzten und Kollegen, von der Familie, auch vom eigenen Hobby dar. So entsteht aus diesem Erlebnisbereich das terminliche Netz eines Tages- und Jahresablaufs, das sich aus Zeit für eigene Bedürfnisse, Absprachen mit anderen und aus einzuhaltenden Zielen zusammensetzt.

Herr S. hatte nach seiner Kündigung von alldem nur noch wenig übrigbehalten. Er brauchte nicht mehr pünktlich zu sein, niemand erwartete oder vermißte ihn im beruflichen Rahmen. Im privaten Bereich dagegen drang er in Zeitstrukturen ein, die ursprünglich ohne ihn konzipiert waren. Das muß ihn auf der Ich-Ebene betroffen und seine Person in Frage gestellt haben.

Sollten vielleicht aus diesem Unbehagen heraus seine vielen Verabredungen entsprungen sein?

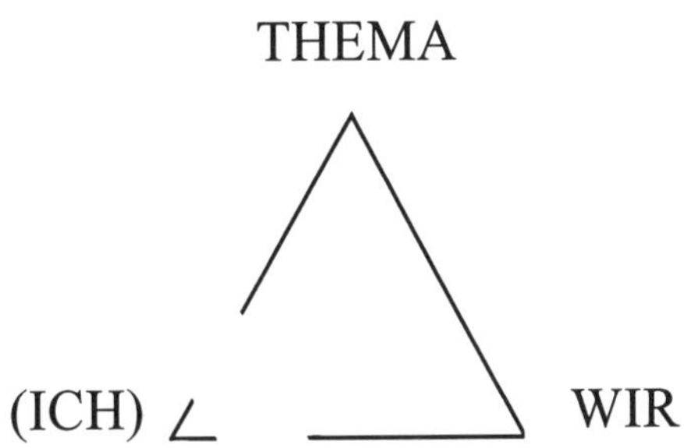

Abb. 8 Ich-Defizit

Im *2. Erlebnisbereich* geht es um die Erfahrung der Arbeitsteilung mit anderen, um gegenseitige Absprachen und um Aufeinanderangewiesensein, um das sich gegenseitig ergänzen. Man ist Teil des Ganzen, man gehört dazu. Die Art und Weise der Zusammenarbeit bestimmt das Arbeitsergebnis.

In der Sprache des Dreiecks ausgedrückt: Es handelt sich um das Wir-Erlebnis, das aus immer neuen Kontakten und Konstellationen, aus Ich und Du und Du, zum Wir wächst, und es ist die gemeinsame Sache, es sind die gemeinsamen Aufgaben, an denen Menschen tätig sind. Über die ganze Bedeutung dieses Wir und seinen Platz im Dreieck hören wir im Kap. VII.

Herrn S. war das Wir der Kollegen genommen. Er hatte niemanden mehr, der mit ihm kooperieren wollte oder mußte. Und seine Frau wollte das auch nicht: „Der pfuscht mir im Haushalt nur ins Handwerk". Das mußte während der Berufszeit ja auch ihre Domäne sein und zum Umorganisieren war noch keine Zeit.

Um das Stichwort Kooperation und Interaktion geht es in diesem zweiten Erlebnisbereich. Hier ist man beteiligt daran, wie ein Wir als Ganzes funktioniert oder eben auch nicht funktioniert. Das Wir des Herrn S. bestand nur noch aus ihm und seiner Frau und bot, da es tagesfüllend war, zwar nie gekannte Erlebnisbereiche, die aber erst neu erobert und eingeübt werden mußten.

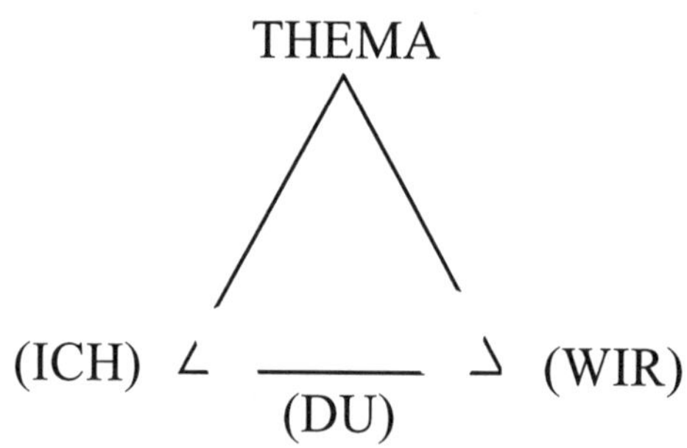

Abb. 9 Ich-Du-Wir-Defizit

Auch im *3. Erlebnisbereich* geht es um den sozialen Kontext, nämlich um die Erfahrung meiner Wirkung auf andere und um gegenseitiges Feedback. Hier beherrschen Konkurrenz und Wettbewerb die Szene. Menschen erleben sich nicht nur in der Kooperation mit anderen, sondern auch in Rivalität ihnen gegenüber. Jeder will seine Einflußnahme auf die Probe stellen und herausbekommen, wie weit er an der Ausgestaltung der Aufgabe beteiligt sein kann, was er erreichen kann. Hier geht es um Funktionen und Status. Der verborgene Teil des beschriebenen Eisbergs regiert diesen Erlebnisbereich.

In der Sprache der TZI ausgedrückt heißt das: „Ich bin ich und Du bist Du und wie gehen wir mit unseren oft widerstrebenden Bedürfnissen um, damit diese uns nicht so häufig in Gewinner und Verlierer auseinanderdividieren?". Es handelt sich um einen Ich-Du oder Ich-Ihr oder Wir-Ihr-Konflikt.

Herr S. hatte mit alledem nichts mehr zu tun und in seine Erleichterung darüber mischte sich ein Wehmutsgefühl: Wo war denn nun für ihn, den gesunden 55jährigen, die Herausforderung, die er so liebte, das Lob, von dem er auch abhängig war, und woran maß er nun seinen Erfolg?

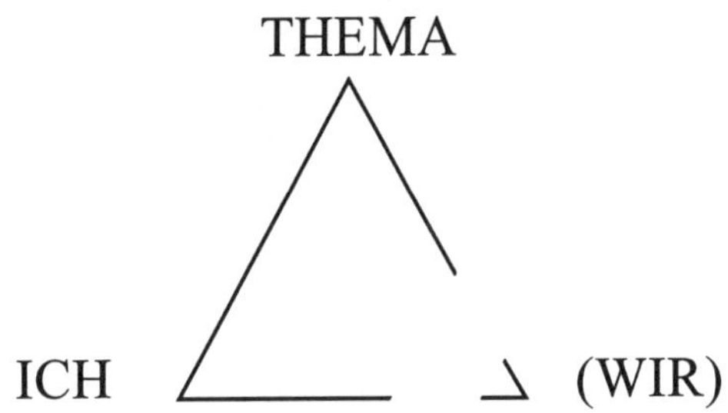

Abb. 10 Wir-Defizit

Der *4. Erlebnisbereich* bringt den Menschen mit dem Produkt seiner Arbeit zusammen und mit der Institution oder Firma, mit dem Globe, für den er diese Arbeit tut. Er identifiziert sich mit ihr oder distanziert sich von ihr, er bezieht Stellung. TZI hilft zu Bewußtsein für das eigene Tun im Hinblick auf ein zufriedenes, weil vom Wert überzeugtes Arbeiten. Es weist auf die Gestaltung und Verantwortung der Themen und Sachinhalte hin als eine Verbindung zur eigenen Person.

Im Zeitalter der Anonymität und Entfremdung müssen wir vermehrt Bewußtsein erlangen für lebensfördernde und lebenserhaltende Arbeitsprozesse und für die Beziehung zum Produkt. Auf dem TZI-Dreieck verknüpft sich hier die Ich-Bewußtheit mit der Themen-Bezogenheit: Ich und das Thema und der Globe stehen in Beziehung und bedingen sich.

Am Ergebnis mitgestaltet zu haben, das allerdings läßt sich auch außerhalb von Erwerbsarbeit erleben. Auf dieser Ebene könnte Herr S. sich am ehesten weiterhin einsetzen, z. B. in ehrenamtlicher Sozialarbeit, aber dazu muß er ja erstmal neue Inhalte finden.

Der letzte und *5. Erlebnisbereich* deckt die Auseinandersetzung mit Theorien und Texten, mit praktischen Entwürfen und kreativen Neuschöpfungen ab, auch die Auseinandersetzungen mit Werten und Wertvorstellungen, mit geistigen und religiösen Standpunkten.

Es ist ein Teil der Ich-Leistung, die bezogen auf die Impulse aus dem Globe geschieht. Der Mensch nimmt diese aus seinem Umfeld und gibt sie auch in dieses wieder hinein. In der fünften Erlebnisebene scheint unser Gesprächspartner nicht so abhängig von seiner verlorenen Berufstätigkeit. Er könnte ja nun erst recht Zeitungen und Bücher lesen, Vorträge besuchen und sich fortbilden – aber dann?

Schließlich führt ja nur der Austausch mit anderen zu neuen Gedanken, vertieft das Gehörte, das Gelesene und regt zu weiterem Interesse an. Das können Familie und Freundeskreis nur schwer auffangen, zumal wenn sie bis dato gar nicht dazu „benutzt" wurden und auch zunächst einmal neue Interessen gefunden werden müssen.

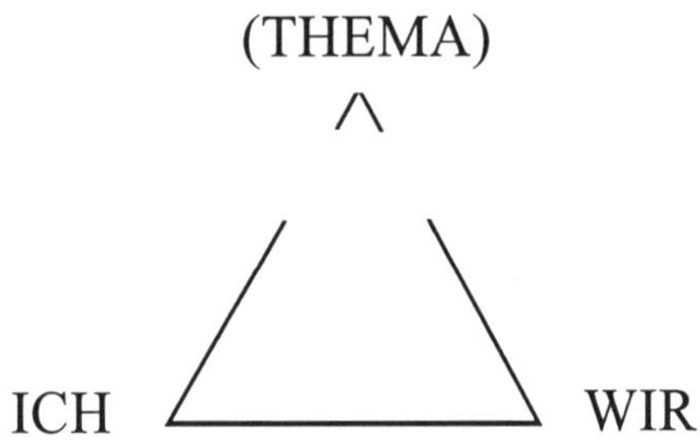

Abb. 11 Themen-Defizit

Nach diesem Exkurs in die Erlebnisbereiche der Arbeit und ihre Wirkung auf die Dreiecksbalance verstehen wir unschwer, was den Vorruheständler in Unruhe versetzt hatte. Er selbst verstand es nach einer Reihe von Beratungsgesprächen auch. Seine Kränkung über die vorzeitige Entlassung, die er doch selbst befürwortet hatte, blieb noch lange Zeit ein wunder Punkt. Es stimmt eben: Wenn auf der Sachebene einschneidende, wenn auch gewollte, Veränderungen eintreten, so stottert meist der psychosoziale Motor. Wenn die Themen sich wandeln oder gar wegfallen, geraten Ich und Wir aus der Balance. Diese Kränkung ließ sich nicht wegdiskutieren oder weiterhin ignorieren, sie mußte heilen und das brauchte seine Zeit. Hingegen konnte er auf der privaten Ebene ansetzen und von da aus sein Leben neu ordnen. Damit gelangten auch die Ich-Wir-Aspekte in eine neue Balance. Das Ergebnis sah so aus:

„Ich bin wieder im Lot. Das ungeliebte ‚Geschenk' meiner Firma von 40 Stunden wöchentlich habe ich so aufgeteilt: Ich habe mich selbständig gemacht. Ich berate Firmen auf ähnlichem Sektor wie früher, ich lehre an der VHS und ich begleite junge Auszubildende, alles gegen Honorar."

Auf das TZI-Dreieck und auf die Erlebnisebene bezogen, hat er sein neues Thema im firmenähnlichen Gebiet entdeckt, kann dabei auch manches Vertraute wieder aufnehmen und weitergeben. Er tut es gegen Honorar, was seinem Ich zu einem neuen Selbstwert hilft und ihm eine neues Wertgefühl für seine Person gibt. Für seine Wir-Bedürfnisse, zu denen der Wunsch nach Zugehörigkeit, nach Mitbestimmen können, in Gemeinschaft etwas entwickeln können und weitere Wünschen zählen, kann er bei dieser Tätigkeit nicht so viel bekommen. Er arbeitet viel allein. Bei rasch wechselnden Trainingsgruppen gibt es nur ein „Wir auf Zeit". Kollegen oder Mitarbeiter hat er nicht.

Die diesbezügliche Zufriedenheit kommt mehr aus einem neu entdeckten Freizeitbereich, in dem er sich sozial engagiert und der ein weiteres Drittel seiner Zeit füllt. „Selbst da kann ich meine betrieblichen Kenntnisse nutzen und es muß jemand tun, der kein Honorar fordert. Das befriedigt mich sehr. Ich nehme mehr als ich gebe, obwohl ich doch nichts bekomme." Seine Wir-Realität heißt nun außer seiner Familie auch noch „Ambulante Behindertenhilfe" und „politische Stadtteilarbeit". Nun muß der Zeitplan für den Monat wieder bewußt gestaltet und mit der Familie vereinbart werden. Urlaub hat wieder seinen berechtigten Platz und merkwürdigerweise ist die Gartenarbeit keine Last mehr. Zu Mediennachrichten und Fachzeitschriften sagt er nicht mehr: „Das geht mich doch alles nichts mehr an". Das Leben und Zusammenleben geht ihn wieder etwas an.

Herr S. wirkte bei diesem Abschlußgespräch immer noch unruhig, aber diese Unruhe hatte einen kreativen Touch bekommen, sie war nach vorn gerichtet.

Wir haben hier am Eisberg- und Dreiecksmodell die Grundbedingungen menschlichen Wohlbefindens zueinander in Beziehung gesetzt und an einem Praxisbeispiel kennengelernt. Dies läßt sich unschwer auf andere problematische Lebenssituationen und Problemfelder übertragen. Wir werden dieses Vorgehen im Praxisbeispiel TZI in der Beratung wiederfinden. Hier ging es um einen Vorruheständler, eine Berufsgruppe, die in ihren Gestaltungsmöglichkeiten noch wenig Vorbilder hat. Ebenso könnte es Menschen gehen, die in ein Altersheim umgezogen sind, plötzlich erkrankt oder gar versehrt sind, oder auch Menschen, die ganz einfach von einem Land in ein anderes gezogen sind, Menschen auch in extremen psychischen Belastungszeiten. Immer drohen sozusagen Spitzen des Dreiecks abzubrechen, überbetont zu werden, so daß das Leben aus dem Lot fällt. Jedesmal geht es darum, die Balance zu verlieren und neue Balance herzustellen, Schwerpunkte zu verlagern.

Eine besondere Aufmerksamkeit sollte man im Hinblick auf die Balance der zunehmend größer werdenden Gruppe der Arbeitslosen schenken: Sie sind finanziell und psychisch davon betroffen, daß Arbeit nicht mehr ihr Leben bestimmt. Das ist meist weniger voraussehbar als bei einem Pensionär.

Da setzt ein seltsamer Mechanismus ein: „Es ist ja auf jeden Fall nur ein Übergang, bald gehts weiter!“ ist die erste Reaktion. Diese Annahme schiebt aber das Umorganisieren zunächst auf die lange Bank eines Provisoriums. Dann – je länger der Zustand dauert – organisiert man sich doch neu in der Realität ohne feste Arbeit. Die Themenecke am Dreieck bekommt andere Inhalte, man wird Teilhaber an einem anderen „Wir“. Sobald in dieser Form eine einigermaßen befriedigende Balance gefunden ist, fällt die Reintegration in ein neues Berufsleben aufs neue schwer. Es geht wieder um Verlieren und Finden von Balance.

Was immer auf dem Arbeitsmarkt geschieht, was immer sich gesellschaftlich wandelt, die Dreiecksbalance wird nicht zu ignorieren sein, wird ein Kompaß sein für ein Leben, das auf Entwicklung ausgerichtet ist. So wie das Dreieck uns im Buch begleiten wird, so begleitet es jeden einzelnen im Leben. Jede Nichtbalance führt zur Entfremdung vom eigenen Ich.

3. Dreiecks-Balance in der Gruppenarbeit

Dynamische Balance ist – wie wir gesehen haben – zunächst einmal eine Notwendigkeit im Leben eines jeden Menschen, um sich subjektiv „rund“ zu fühlen. Jedes wirkliche Leben ist immer gekennzeichnet durch das Einbeziehen der zur Zeit unterbeteiligten Dreiecks-Aspekte.

Auch in der Gruppenarbeit mit TZI dient diese dynamische Balance als Prinzip und als Kompaß beim Planen und beim Steuern von Prozessen und zur Prozeßreflektion. Eine neue Gruppe beginnt ja nie als Gruppe. Sie entwickelt sich über den mehr oder minder langen Weg von einer Anzahl Ichs über erste Kontaktaufnahme zu anderen schließlich bis zu einem Wir, zu einem Gefüge, dem sich die Teilnehmer emotional zugehörig fühlen.

Erst dann wird es für die Teilnehmer möglich, konstruktive und echte Entscheidungen darüber zu treffen, woran man auf welche Art arbeiten will und welche Ziele, sprich Themen, man verfolgen will.

Diese Ich-Wir-Themen-Entwicklung einer Gruppe kann so dargestellt werden:

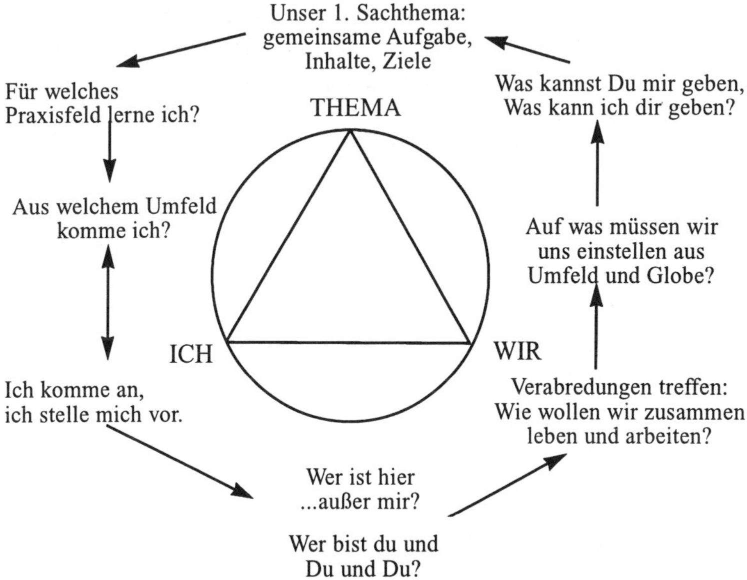

Abb. 12 Themenaufbau im Dreiecksverlauf

Solange ein dynamisches Gleichgewicht dieser Faktoren immer wieder erarbeitet wird, existieren optimale Bedingungen für die Interaktion in der Gruppe und für die Erfüllung der zu leistenden Aufgabe.

Selbstverwirklichung, Kooperation und Aufgabenlösung gehen Hand in Hand. Das Dreieck ist darum für die TZI-Leitung eine ständige Hintergrundfigur. Es gehört ebenso zur Kunst des Gruppenleitens, die Ansprüche und Energien dieser drei Faktoren in den Bezug zum Umfeld zu stellen. Das gelingt nicht in jeder Sitzung. So wie es kopflastige Lebensperioden eines Menschen gibt, so gibt es auch theorielastige Gruppensitzungen oder solche, in denen Vereinzelung geschieht oder das soziale Netz zu eng zu werden droht. Das Dreieck ist im Leben und im Gruppenleben nicht im Sinne von statischer Gleichheit zu verstehen, es trägt auch in der Gruppenarbeit den allgemeingültigen Tatsachen Rechnung, daß am Thema nicht mit voller Energie gearbeitet werden kann, wenn der einzelne oder eben die Gruppe von internen Problemen belastet ist. Im Praxisteil werden wir diesen Balancegedanken für die Gruppenarbeit wiederfinden.

VI. Menschen wachsen weiter. Notizen zu Ich, Ich-Identität und Wachstum

Wenn ich anderen Menschen begegnet wäre,
dann wäre ich ein anderer geworden.
Hätte ich andere Bücher gelesen,
würde ich anders denken.
Als Sohn eines anderen Landes
hätte ich andere patriotische Gefühle.
Von einer anderen Religion umfangen,
spräche ich andere Gebete.
In einem anderen Jahrhundert beheimatet,
strebte ich anderen Idealen nach.
Wäre ich auf andere Fragen gestoßen,
würde ich andere Antworten suchen.
Von welchen Voraussetzungen bin ich abhängig?
Welche Fäden halten mich am Leben?
An welchen Bedingungen hängt meine Existenz?
(Otto und Felicitas Betz: Tastende Gebete,
Texte zur Ortsbestimmung)

1. Ich-sein ist nicht selbstverständlich

Nachdem wir das Dreieck als Zusammenspiel aller Aspekte in seiner Ganzheit kennengelernt haben, wollen wir zunächst der Ich-Ecke volle Aufmerksamkeit schenken.

Es wird dabei die Rede sein von

- dem *Ich*, als der Summe aller Aspekte der Persönlichkeit;
- der *Ich-Identität* als Übereinstimmung von Werten, Zielen und Handlungen in der Person;
- der *Individuation* als Weg der Selbstentwicklung;
- dem *Selbstkonzept*, der „Meinung von mir selbst“, wie Adler es ausdrückt. Sie ist der entscheidende Faktor für seelische und körperliche Gesundheit.

Je realistischer die Meinung eines Menschen von sich selbst, je zufriedener er mit seiner Identität ist, je mehr er seinen Wert kennt und schätzt, um so mutiger und gelassener kann er sich seinen Aufgaben an Themen und mit Menschen stellen, ohne seelische Energie auf falschen Kampfplätzen zu lassen, z. B. auf solchen, bei denen man um Geltung und Ansehen kämpfen muß.

Wir werden aber auch sehen, daß Ich-Identität keine feste Konstante ist, die man einmal erlangt. Der Prozeß der Individuation führt Schritt für Schritt weiter. Oft ist Entwicklung die Folge mehr oder weniger auffälliger Fahrtänderungen, vom Wind der „Verhältnisse“ vorgegeben und auf ein fremdbestimmtes Ziel hin gerichtet.

Dementgegen ist die TZI ein aktiv zu beschreitender Weg, seine Identität zu entwickeln und zu integrieren, ohne der Hybris anheim zu fallen, dieses Ich völlig neu kreieren zu können. Die Stationen der Individuation haben eine Geschichte, die der Mensch mitbestimmend fortschreibt. TZI weckt vorhandenes Wachstumspotential im Menschen und ermutigt ihn zur Eigenregie.

Nicht immer im Laufe der Geschichte herrschte diese Erkenntnis und konnte auch genutzt werden. In traditionellen Gesellschaftsstrukturen bis ins 20. Jahrhundert hinein war die Identität des Menschen unseres Kulturkreises in ihrer Festlegung und Stabilisierung eine Folge des sozialen Umfeldes. In der mittelalterlichen Ständegesellschaft bestimmte schon die Geburt darüber, ob man seinen Lebensunterhalt durch Arbeit verdienen mußte, und welche Art Arbeit es sein würde, ob man Angestellter oder gar Leibeigener war, oder ob man sich freiberuflich niederlassen konnte. Ebenso war es mit der Eheschließung und der Religionszugehörigkeit. Das Leben bewegte sich ohne großen Wechsel in einem festgelegten Rahmen. Nur innerhalb dieser vorgegebenen Räume war für die meisten eine individuelle Entwicklung möglich.

Die Bedingungen eines Wachstums darüber hinaus erreichten die breite Masse nie. Die Folge dieser Einengung war auf der einen Seite ein integrierter Lebenslauf, der durch eben diese festen Normen und Regeln geschützt war und krisenhafte psychische Einbrüche überspielte, der aber auf der anderen Seite auch ein großes Maß an Armut, Krankheit und Abhängigkeit zeitigte. Wurden die Normen von jemandem durchbrochen, so wurde er schnell als Verrückter oder als Versager abgestempelt und mußte seinen Bezugsrahmen verlassen.

Die Chance, als autonome Person das eigene Schicksal in die Hand zu nehmen und zu steuern, war gering und fand wenig Unterstützung. Entschied sich jemand doch zu diesem Weg, so kostete es ihn einen unvergleichlich höheren Preis als heute. Dieses Bild – in der Kürze dieser Darstellung sicher sehr vereinfacht – wirkt bis in die Neuzeit.

Die Industrialisierung brachte trotz ihrer bekannten Schattenseiten wie Fließband und Mechanisierung eine beschleunigte Auflösung dieses Rahmens mit sich: Berufswahl, Wahl des Familienstandes, der Religion, des Lebensstils wurden, zumindest im Mittelstand, mehr und mehr dem einzelnen überlassen, freilich immer noch geprägt durch tief verwurzelte Schichtzugehörigkeit und ihre Normen. Eine Konsequenz daraus ist, daß dem einzelnen wichtige Entscheidungen in die eigene Verantwortung übertragen wurden. Aber diese selbständig getroffenen Entscheidungen bestimmten Identität und Lebenslauf fortan ein für allemal. Im immer noch enggefaßten Rahmen war ab jetzt Entwicklung möglich. Trotzdem ist es erstaunlich, wieviele Menschen auch heute noch Sklaven ihrer Tradition, ihres Milieus und der Normen ihrer Familie sind.

Einhergehend mit zunehmender Bewußtheit für die eigene Person und Bewußtheit für die Bedingungen, die Leben und Zusammenleben ermöglichen, entdecken heute immer mehr Menschen den Weg zur Selbstverwirklichung. Auch wenn dieser Prozeß noch lange nicht abgeschlossen sein wird, so haben sich besonders die Frauen hier neue Perspektiven eröffnet.

Aber auch für Männer ist längst nicht mehr der Beruf die einzige Möglichkeit, um sich selbst zu definieren und Identität auszudrücken. Ich-Entwicklung ist auf ganz neue Weise in den Blickpunkt des Bewußtseins gerückt. Allenthalben haben Menschen begonnen, ihre eigene Person mit den ganz eigenen Bedürfnissen und Wünschen zu entdecken und ernst zu nehmen. Sie suchen nach mehr persönlichem Freiraum und wollen die individuellen Grenzen ausloten. Sie wollen unentdeckte Lebensräume nach eigenen Vorstellungen gestalten und sind hierfür durchaus zum Risiko bereit. Manche Menschen vermitteln dabei den Eindruck, als ob sie sich über lange Zeit selbst vergessen hätten und nun in kürzester Zeit versäumtes Leben nachholen wollten. Als ob man das Leben nachholen könnte. Das enge Gefängnis der Konventionen soll gesprengt werden und dieser eigene Drang wird auch noch gespeist von faszinierenden Beispielen derer, die die vermeintliche Freiheit schon gewonnen haben. Der Impuls zum Ausbrechen aus dem bekannten Rahmen eilt der Frage: „Was will ich stattdessen?“ oft weit voraus und trifft den Menschen dann zunächst in einem Raum an, den er noch nicht mit neuem Inhalt füllen kann und der leicht in neue Abhängigkeit führt. So ist es die neue Bewußtheit für eine eigenständige Ich-Identität und die Entdeckung, daß ein lebenslanges Wachstum möglich ist, welches eine Reihe von Fragen aufwirft:

- Was ist eigentlich gemeint, wenn von Selbstverwirklichung und von wachsender Ich-Identität die Rede ist?
- Welches sind meine Bilder von mir und welches meine Vorbilder?
- Wie setze ich meine Wünsche und Bedürfnisse durch unter Berücksichtigung der Wünsche anderer und eingedenk dessen, daß die Welt mir Grenzen setzt?
- Wie verhindere ich, daß das Resultat meiner Selbstverwirklichung ein neues selbstgebautes Gefängnis wird, indem ich mich mit falschem Ehrgeiz gefangen halte?

Identität und Selbstverwirklichung zeigen sich nicht in abstrakten Begriffen. Sie drücken sich in der Gestalt der Person und in der Ausgestaltung des Lebens aus. Sie werden angestoßen von dem, was in der großen Welt und meiner Umwelt geschieht oder eben nicht geschieht. Die Themen meiner Umwelt und die Menschen, die mich umgeben, formen meine Identität mit. Selbstverwirklichung heißt daher auch, die Balance von Fremdbestimmung („Das sollst Du sein") und Selbstbestimmung („Das will ich sein") immer neu anzuschauen.

Nicht zu jeder Zeit im Leben stellen wir uns die Frage nach der eigenen Identität und nicht zu jeder Zeit ist Selbstverwirklichung ein Thema, dem wir uns ganz ausdrücklich zuwenden. Solange das Leben sich von einem Schritt zum anderen nahtlos vollzieht, wird die Frage nach der Identität kaum je gestellt, es sei denn, es gäbe einen Anstoß von außen! In solchen Zeiten fließt der Lebensfluß eher unauffällig. Der Ablauf des Alltags von heute ähnelt dem von gestern! Man könnte denken, die Menschen hätten sich zum Wahlspruch gemacht: „Mehr vom gleichen!" und in schöner Regelmäßigkeit gestaltet sich ihr Tag. Das ist gut so, solange die persönlichen Wünsche und Anforderungen mit dem Umfeld korrespondieren und ich mich mit diesem Zusammenspiel befriedigend identifizieren kann.

In Krisen und Umbruchzeiten jedoch drängt sich die Frage nach der Identität plötzlich unüberhörbar auf. Eine körperliche Krankheit hat das gesunde Einerlei unterbrochen und fordert eine Zwangspause bei der Arbeit, läßt uns einhalten und nachdenken. Ein beruflicher Abbruch verlangt Konfrontation mit dem eigenen Lebenslauf. Markante Lebensabschnitte wie eine neue Partnerschaft, Höherstufung am Arbeitsplatz, Pensionierung führen dazu, die Identität neu zu definieren. Eine junge Frau z. B. wird ihr Leben für die Zeit der Kindererziehung anders interpretieren und ihm einen anderen Sinn zumessen als in der Zeit, in der sie ihrem Beruf nachgeht. Der Frühpensionär, den wir im Zusammenhang mit dem TZI-Dreieck kennengelernt haben, interpretierte sein Leben neu und fand eine andere Identität. Auch die Fallbeispiele im Praxisteil „TZI in der Beratung“ (Kap. XVIII) berichten von der Verwirklichung neuer Lebensinhalte auf einen neuen Sinn hin. Das geht nicht immer ohne Probleme ab, und es geht auch nicht immer auf dem geraden Weg. Wandel macht Schmerzen, kostet Mühe und verlangt Mut. Wandel kann nur geschehen, wenn ich meine eigene Wirklichkeit und die, in der ich (neu) lebe, miteinander in Beziehung setze. Mit Selbstverwirklichung und wachsender Ich-Identität ist also in erster Linie gemeint, sich der Realität des Wandels zu stellen, diesen auch zu wollen, die Bilder von sich selbst aktiv zu gestalten, anstatt sie geschehen zu lassen oder sie von außen benennen zu lassen.

Ein Mensch gestaltet sich nie allein. „Der Mensch ist autonom und interdependent . . .“, heißt es in den Axiomen. „Schau nach innen zu Dir und schau nach außen zu den anderen“, heißt es im Chairmanpostulat. Das gilt nicht nur für die aktuellen Situationen und Partner, das gilt auch für die Kette der Vorfahren, die den Menschen beeinflussen.

Der Satz von Rousseau: „Jeder Mensch ist ein Original“ stimmt eben nur zum Teil. Ich möchte ihn wandeln: „Jeder Mensch hat generell die Möglichkeit, originale Identität zu entwickeln aus dem, was er auf den Schultern seiner Vorfahren und im Verbund mit seinen Schwestern und Brüdern aus sich werden läßt.“ Nur wenn er krank, eingesperrt oder in ungewöhnlicher Weise abhängig ist, gilt dieses nicht. „Der Mensch ist originell und in gewissem Sinne eine Abschrift oder Neuauflage seiner Ahnen“ sagt Fulbert Steffensky (1988). Ich finde mein eigenes Ich nicht, indem ich auf mich selbst schaue, ich finde mich eher, indem ich in zwei Richtungen schaue, also sowohl den Weg der Erinnerung als auch den des genauen Hinschauens beschreite, den Weg zu den Ahnen und den Weg zu den anderen um mich herum. „Ein Gesicht bekommt ein Mensch nicht, indem er sich im Spiegel betrachtet, sondern indem er auf etwas sieht, etwas wahrnimmt, von etwas gebannt ist, was außerhalb seiner selbst ist; wenn er für etwas zu arbeiten und zu leben lernt. Unser Gesicht liegt draußen bei den Zielen, die wir verfolgen", schreibt Steffensky weiter. Ein isoliertes Treibhaus, abgeschirmt von der Welt und den Menschen, wäre der ungeeignetste Ort zur Selbstfindung. Leben entwickelt sich im Leben. Zwei Übungen können dem Leser seinen eigenen Weg erhellen und ihm helfen, seine Identität zu umschreiben. Die erste Übung gilt der Ist-Analyse, eine zweite wird Bilder aus der Vergangenheit wecken, beide zusammen können Ausgangspunkt werden für ein bewußter gestaltetes Lebenskonzept.

2. Ist-Analyse der Identität

Übung 1

Nimm ein genügend großes Blatt Papier und schreibe zunächst Deinen eigenen Namen in die Mitte. Laß dann Situationen, in denen Du lebst, Deine Familie, Deinen Arbeitsbereich, Freizeitaktivitäten u. a. mehr, mit dem Du zu tun hast, vor Dein inneres Auge treten und gruppiere sie – dem ersten Impuls folgend – um Deinen Namen, so weit entfernt oder ganz nah, wie Du Dich selbst in dieser Situation und mit den dazugehörigen Menschen verbunden fühlst. Schau an, ob es vollständig ist, überprüfe, wen und was Du vergessen hast. Laß Dich von anderen, die mit Dir diese Übung machen, auf vernachlässigte Fährten hinweisen, die Du übersehen hast. So könnte Deine Skizze aussehen:

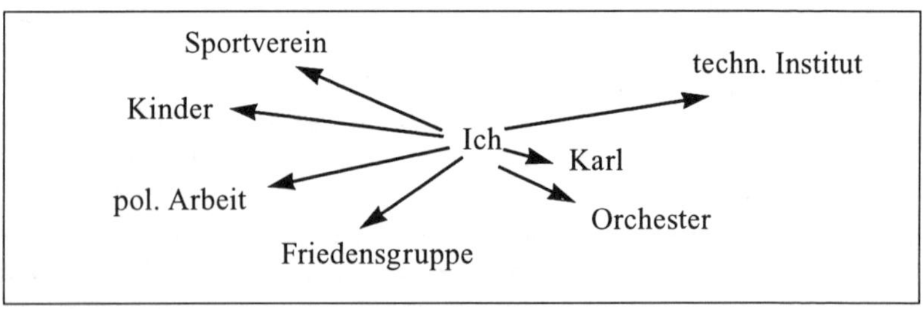

Abb. 13 Identitätsspiegel

Sieh Dir nun an, mit wem Du zu tun hast und mit was Du beschäftigt bist. Denk dabei nicht nur an Dinge, die Du gern tust und an Menschen, die Dir lieb und nah sind. Gerade die Dinge, an die Du Dich eher gefesselt fühlst, an denen Dein Herz nicht so sehr hängt, und die Menschen, die damit zusammenhängen, prägen Deine Identität mit. All diese nun skizzierten Kontakte und Tätigkeiten fließen zusammen in ein Bild von Dir; es kann aktiv, farbig, forschend und risikofreudig sein. Oder fällt es blaß und unklar aus, so als habest Du Dich von Dir selbst fortbegeben?

In der Beantwortung einiger Fragen kann sich das Bild von Dir abrunden:

- Mit wem habe ich es zu tun und was tue ich mit diesen Menschen?
- Bei welchen Ideen gehe ich konform mit anderen, von welchen distanziere ich mich, wofür setze ich mich ein?
- Wobei kann ich aktiv mitbestimmen und in welchem Radius? Wo habe ich Sitz und Stimme und was tue ich dafür?
- An welchen Schaltstellen nehme ich Einfluß und welche Ziele verfolge ich?
- Wie bin ich mit meinem sachlichen und emotionalen Einfluß an mir wichtigen Stellen zufrieden?
- Wie würden meine Freunde diese Fragen für mich beantworten, wie diejenigen, die mich nur wenig kennen?

So entwickelst Du ein Bild von Dir selbst, aus dem auch Deine ungeliebten Seiten hervorschauen. Auch wird deutlicher werden, welche Deiner vielen Facetten Du nach außen zeigst, welche Du überbetonst oder gar verbirgst, welche Du Dir verbietest zu leben. Du kannst den Schmerz darüber neu entdecken. „Ich lebe mein Leben in wachsenden Ringen . . .“, schreibt Rainer Maria Rilke. Aber nicht jeder wird seine Wege immer als wachsend erlebt haben. Er wird für sich selbst erst dann von Wachstum sprechen, wenn er im Sinne Maslows sich subjektiv besser fühlt als im vorhergehenden Stadium seines Seins. Oft leben wir mit einem subjektiven Gefühl des Stillstandes oder schreiben dem Wachstum gar rückläufige Tendenz zu.

3. Die Vergangenheit wirkt jetzt

Vor allem die vergangenen Jahre sind von persönlicher Bewertung nicht frei. So finden wir bei Hermann Hesse im Vorwort zu einer seiner großen Erzählungen, „Demian“, die er 1922 mit 35 Jahren geschrieben hat, folgenden Text:

> „Meine Geschichte ist nicht angenehm, sie ist nicht süß und harmonisch wie die erfundenen Geschichten, sie schmeckt nach Unsinn und Verwirrung, nach Wahnsinn und Traum wie das Leben aller Menschen, die sich nicht mehr belügen wollen. Das Leben jedes Menschen ist ein Weg zu sich selber hin, der Versuch eines Weges, die Andeutung eines Pfades. Kein Mensch ist jemals ganz und gar er selbst gewesen; jeder strebt dennoch es zu werden, einer dumpf, einer lichter, jeder wie er kann. Jeder trägt Reste von seiner Geburt, Schleim und Eischalen einer Urwelt, bis zum Ende mit sich hin. Mancher wird niemals Mensch, bleibt Frosch, bleibt Eidechse, bleibt Ameise. Mancher ist oben Mensch und unten Fisch. Aber jeder ist ein Wurf der Natur nach dem Menschen hin. Und allen sind die Herkünfte gemeinsam, die Mütter, wir alle kommen aus demselben Schlunde; aber jeder strebt, ein Versuch und Wurf aus den Tiefen, seinem eigenen Ziele zu. Wir können einander verstehen; aber deuten kann jeder nur sich selbst.“

Allerdings nicht für alle Menschen ist der Weg der Selbstfindung ein solches Ringen und so schmerzlich wie Hesse es beschreibt. Im Gegenteil: Der eigenen Geschichte nachzugehen, die Reise zu sich selbst anzutreten ist für viele eine aufregend schöne Entdeckungsfahrt. Natürlich, es wird immer nur einer von vielen Wegen zu mir selbst sein.

So gelangen wir zu der zweiten Übung, die uns mit unserer eigenen Geschichte konfrontiert.

Irgendwann im Leben, und warum nicht jetzt, beginne ich damit, die Deutungen anderer zu meiner Person zu durchbrechen und meine eigenen Bilder zu entwerfen. Niemand außer mir hat ja meine Geschichte wirklich erlebt, hat meine Erinnerungen, meine Sehnsüchte und Ängste. Ich ziehe meine heutigen Schlußfolgerungen auf Grund der Erfahrung aus meiner Geschichte.

Übung 2

Nimm Dir einen ruhigen Platz, großes Papier und Stifte, damit Du nachher etwas aufschreiben oder aufmalen kannst. Ich möchte Dich gleich bitten, ca. 4 Bilder von Dir selbst langsam vor Deinem inneren Auge entstehen zu lassen. Beginne mit einem Bild, das Dich zeigt, bevor Du zur Schule gingst. Gehe dann in Deine spätere Schulzeit und schaue, welches Bild von Dir spontan vor Deinem inneren Auge entsteht. Den eigenen Weg weiterverfolgend, wähle jetzt noch ein oder zwei markante Zeitpunkte in Deinem Leben aus, an denen Du Bilder von Dir selbst entstehen lassen kannst. Ein Bild der Gegenwart könnte die Serie abschließen.

Die folgenden Fragen werden helfen, diese vergangenen Bilder von sich selbst, die damalige Identität noch einmal aufleben zu lassen, sie aus ihrem Kontext und im zeitlichen Abstand zu verstehen und mit der derzeitigen Identität zu vergleichen.

- Wie sah ich aus? Wie wurde ich genannt?
  Kleid und Name haften Menschen nicht äußerlich an, sie sind auch Ausdruck der Werte und Einstellungen derer, die sie mir gaben und anzogen, meiner selbst, die ich mich so nennen ließ und so bekleidete. Renee Nell, eine Therapeutin aus der Generation und dem Freundeskreis von Ruth Cohn, erzählte mir dazu: „Ich kannte einen 40jährigen Mann, den seine um 7 Jahre ältere Frau immer noch ‚Bubi' nannte und der die Kleidung eines 18jährigen Schülers trug." Kosename und Kleider gehörten einer längst vergangenen Identität an.
- In welche Umgebung mußte ich mich einpassen? Welche Maßstäbe wurden gesetzt, wie drückten sie sich aus?
- Wer lobte mich und wofür? Wer tadelte mich und wofür? Welche Rückschlüsse habe ich daraus für mein Selbstkonzept gezogen, die bis heute noch wirken?

Längst bevor ich mich selbst aktiv einschalten konnte, haben andere, wie wir sehen werden häufig die Eltern, entschieden, was zu meinem Ich gehören sollte und was nicht. So habe ich Stück für

Stück das Bündel packen können, das meine Person ausmacht. Manches, das eigentlich auch zu mir gehören sollte, habe ich nie als eigenes integrieren können. Es liegt vergessen in einer Requisitenkammer. Anderes dagegen habe ich meiner Identität zugeordnet, obwohl es mir vom Wesen her fremd geblieben ist. In aller Regel erfährt man in der Familie, was zum Leben notwendig ist, welche Taktiken es gibt und welche davon man einsetzen darf, um ein Ziel zu erreichen und welche Ziele überhaupt erstrebenswert sind und welche vermieden werden müssen. Aber nicht alles, was von der Familie als Rat und Richtung kommt, ist gleich Fremdbestimmung. Vieles ist nützliche Information, vieles auch zeigt großes Verständnis für mein Wesen, für meine Begabungen, für meine eigenen Ziele. Ich selbst habe die Wahl. Je mehr Bewußtsein für die Zusammenhänge meines Gewordenseins ich erlange, um so deutlicher kann ich mich vor jenem Nachahmungsmechanismus schützen, der verhindert, daß ich immer mehr „Ich" werde. Solche ichfremden, man könnte sagen „geliehenen" Identitäten lassen sich verhältnismäßig schnell entlarven, wenn wir sie mit dem Maßstab der Spontaneität messen. Wirklich stimmige, echte Äußerungen und Handlungen geschehen fast immer wie von selbst, und damit spontan.

Eines müssen wir den Übungen noch zufügen: Es spielt immer ein ganzes Bündel von Erinnerungsfiltern mit, die unsere Resultate verzerren. Nur ich nehme aus meinem Blickwinkel wahr und habe dabei meine individuelle Brille auf der Nase. Vielleicht hat mein Bild von mir wirklich nur Gültigkeit für mich und ich tue gut daran, es mir aus dem Blickwinkel anderer ergänzen zu lassen. Wir kennen das ja: Wenn zwei Personen den gleichen Sachverhalt oder den gleichen Menschen schildern, so gewinnt man manchmal den Eindruck, sie sprächen von zwei verschiedenen Situationen. In der Tat: erinnern und Erinnerung interpretieren sind sehr subjektive Vorgänge. Auch meine Werte und Einstellungen sind Filter, durch die dieses geschieht.

TZI will helfen, diese Manipulationstechniken abzubauen und die direkte Kommunikation des einzelnen mit sich selbst und mit anderen zu fördern. „Sag einfach, was ist", so forderte Ruth Cohn in einem Gespräch zu Echtheit und Direktheit auf. Das ist gemeint, wenn vom Finden und Verwirklichen des eigenen Ichs die Rede ist, von Selbstkompetenz und Eigenverantwortung.

„Einmal aus dem Paradies der ersten Naivität vertrieben, sind wir auf der Suche nach einer zweiten Naivität", drückt Schulz von Thun diese Suche nach einer Echtheit aus, die aus uns selbst entspringt und gleichzeitig auf dem Weg ist, zu einem sich selbst mehr und mehr ähnelnden Ich.

Diese schrittweise Eroberung der Ich-Identität begegnet uns schon in der Antike. Die Geschichte des Theseus, die uns der Philosoph Nozick (1981) erzählt, soll uns den Zusammenhang von Kontinuität und Wandel bildhaft machen:

Da ist Theseus mit seinem Schiff, das Jahr für Jahr dem Meer und dem Wetter ausgesetzt ist. Im Laufe der Arbeitsjahre wird eine Planke nach der anderen morsch oder beschädigt. Jede Planke, die nicht mehr zu gebrauchen ist, ersetzt Theseus durch eine neue, Jahr für Jahr! Allmählich sind alle Planken ausgewechselt. Vielleicht hat er darüber hinaus auch noch ein wenig umgebaut. Nun stellt sich die Frage, ob das Schiff noch das gleiche Schiff sei. Analog könnten wir dazu die Frage stellen, ob es noch der gleiche Mensch sei, der im schrittweisen Wachsen „seine Planken wechselt"? Hier gibt uns wieder der Gedanke der Ganzheitlichkeit die Antwort. Wie Theseus auf einen bestehenden Rumpf neue Planken nagelt, in einem langdauernden Austauschprozeß, so ist auch die sich wandelnde Identität als ein Austausch von Planken auf einem in der Grundsubstanz gleichbleibenden Rumpf zu verstehen. Und die alten Planken? Mit ihnen ist es wie mit den vorausgegangenen Identitäten. Einmal getroffene Entscheidungen, auch wenn sie rückgängig gemacht wurden, prägen die Kontur auch später mit. Wir können vorhergehende Identitäten nicht als gegenstandslos bezeichnen. Und warum sollte ich diese Kontinuität auch verleugnen? Meine Geschichte bleibt meine Geschichte.

Das Ich trägt die Konsequenzen seiner Entscheidungen, sagten wir oben. Ebenso trägt dieses Ich aber auch die Konsequenz der Entscheidungen, die für es getroffen wurden und ebenso seine Nichtentscheidungen, ja auch solche, die in Unbewußtheit getroffen sind. Wer sonst – außer ihm selbst – sollte es auch tun? Fehlentscheidungen resultieren u. a. aus fehlenden Informationen, z. B. von Eltern oder anderen, aus falscher Wahrnehmung, aus Irrtum und aus Selbsttäuschung. Häufig sind solche falschen Entscheidungen auch das Resultat schlechten Zusammenspiels von Gedanken und Gefühlen. Da habe ich eigentlich das untrügerische Gefühl, daß dieses oder jenes für mich nicht paßt, aber anstatt meinem Gefühl die Entscheidung zu überlassen, entscheidet mein Kopf – und dann meist fehl!

Besonders aus den Resultaten der Übungen werden wir erfahren, daß menschliches Wachstum nicht immer den linearen Weg nimmt. Umwege und Rückschritte beherrschen ebenso das Bild wie Fortschritte. Noch nicht einmal immer können wir den Kausalzusammenhang entdecken.

4. Entwicklung und Leistung

Stellen wir uns zum Schluß noch einmal die Frage nach dem Zusammenspiel von Entwicklung und Leistung. Oft wird Entwicklung mit Leistung gleichgesetzt, mit Können und mit etwas erreicht haben. Es gehört unbestritten zur persönlichen psychischen Gesundheit, sich als Könner zu erleben und seiner eigenen Leistung, vielleicht in Form eines schönen Werkstücks, gegenüberzustehen, sich selbst dafür anzuerkennen und von anderen Anerkennung dafür zu bekommen. Die Erfahrung der eigenen guten Qualität und Urheberschaft an einer Arbeit fördert, wie nicht vieles sonst, die positive Meinung von mir selbst (Alfred Adler) und läßt die Persönlichkeit mehr wachsen, als eine hohe Entlohnung es könnte. Eine wichtige Seite für die eigene Entwicklung ist auch, daß das, was durch Spontaneität und durch kreative Einfälle geschieht, ebenso anerkannt wird, wie die von anderen für mich vorgeplante und erwartete Leistung. Unsere streng reglementierte Arbeitswelt und selbst die Schule läßt dazu nicht viel Raum. Umso wichtiger ist es, Möglichkeiten zu schaffen, in denen sich diese vernachlässigte Seite des Menschen weiterentwickeln darf: Probebühnen zum Leben, auf denen nicht gleich die Kasse der rauhen Wirklichkeit klingelt, auf denen Menschen eine andere Balance für ihr Ich ausprobieren dürfen.

Und schließlich: Entwicklung zu eigener Identität geht nicht ohne den mutigen Schritt über Angst und Konformität hinaus, denn es ist nicht gesagt, daß alle Menschen meiner gewandelten Identität freudig zustimmen werden. Viele hätten mich gern verläßlich gleichbleibend. Andere fühlen sich durch mein Wachsen selbst in Frage gestellt.

Zugegeben: Leben und Entwicklung in diesem kreativen Sinn zu gestalten, macht es nicht leichter, wohl aber dämmt es die lähmende Eintönigkeit ein, die sich einstellt, wenn wir bei dem Prinzip „Mehr vom gleichen" bleiben. Wachstum gestalten, führt in größere Höhen des Erlebens und in größere Tiefen der Erkenntnis. Um auf einen nächsten Gipfel zu gelangen, kann man keine Regenbogenbrücke benutzen, man muß dazu durchs Tal, wo alle Wege ihren Anfang nehmen, wie C. G. Jung uns lehrt.

Leben in sich wandelnden Perspektiven macht den Menschen milder und härter zugleich, läßt ihn jünger sein, denn er kann sich weniger hinter einmal gewonnenen Positionen verstecken, und läßt ihn älter sein, denn er wird deutlicher für seine neuen Werte eintreten. Größere Bewußtheit klärt unser Denken und vertieft unser Fühlen, läßt uns mutiger den Wechsel von Freude und Kummer annehmen. Wir nehmen Kritik besser an und bedenken erwachsener unser Tun.

Wenn ich Veränderung für meine Person zulasse, so wird es auch immer Menschen geben, mit denen es nichts Gemeinsames mehr gibt. Auch ich bin für sie kein Partner mehr, auf den sie gern und voller Interesse zugehen. Das heißt Abschied nehmen – schmerzlich vielleicht für beide Seiten. Können wir den Schmerz, wenn er nicht mehr so weh tut, als Wachstumsschmerz ansehen?

„Der, der ich bin, grüßt wehmütig den, der ich sein möchte", schreibt Friedrich Hebbel 1860 in seinen Tagebüchern.

Der junge Mensch ist angefüllt mit Zukunft, der alte Mensch ist angefüllt mit Vergangenheit. Zwischen beiden Zeiten, in der Gegenwart, hat jeder die Chance, einen Schritt zu versuchen zu dem, der er sein möchte.

VII. Notizen zum Wir

Jeder Mensch ist untrennbar verbunden mit der Logik des menschlichen Zusammenlebens.
(ALFRED ADLER 1927)

1. Jeder lebt im Wir

Wir gehen im Dreieck einen Schritt weiter: vom Ich zum Wir. Während wir uns mit dem Ich, mit Identität und Selbstkonzept beschäftigt haben, blieb das Wir in einer Weise unberücksichtigt, die in der Realität des Lebens so gar nicht sein kann. Der Mensch ist immer in sozialen Beziehungen, in einem – nein natürlich in vielen – Wirs, auch wenn er allein oder einsam ist. Diese Wir-Zugehörigkeit ist Voraussetzung und Ziel all seines Denkens und Handelns. Seinem sozialen Bezugsrahmen entnimmt er seine Wertvorstellungen, seine Einstellung zum Leben überhaupt, der soziale Bezug formt auch seinen Lebensstil, nicht zu überhören auch seine Sprache, und das von Geburt an.

Jedes Ich lebt im Du und im Wir, beide darüber hinaus im Universum. Wir sind immer eigenständig und in Abhängigkeit zu anderen; autonom und interdependent nennt es die TZI. Nur wer es gelernt hat, autonom zu sein, kann auch konstruktives Mitglied einer Gruppe sein.

Es ist das Verdienst Alfred Adlers, die Psychologie der Person mit der Psychologie der Kommunikation zusammengebracht zu haben. Dieses miteinander verwobene Leben und Zusammenleben birgt aber auch eine Vielzahl von Problemen in sich: Probleme, die in der Bewältigung der Sachaufgabe liegen sowie Kooperationsprobleme mit Partnern (Beziehung), mit Kollegen (Beruf) und mit Mitbürgern (Gesellschaft). Diese zu mindern hat sich die TZI zur Aufgabe gemacht. Das Chairman-Prinzip, mit dem die TZI u. a. auf die Erlangung von Autonomie und Interdependenz hinweist, kann nur in Gruppen geübt werden.

Das Wir im TZI-Sprachgebrauch meint eine Anzahl von Menschen, die am gleichen Ort, zur gleichen Zeit, am gleichen Thema beschäftigt sind. Im weiteren Sinn kann die Gleichzeitigkeit von Ort und Zeit auch wegfallen. Auch an unterschiedlichen Orten und zu uneinheitlichen Zeiten kann als Wir intensiv gearbeitet werden.

In aller Regel kann freiwillige Teilnahme und selbstbestimmtes Interessse am Thema vorausgesetzt werden. Dann können wir auch davon ausgehen, daß der Wertehintergrund der Teilnehmer ein ähnlicher ist, daß zumindest die Bereitschaft besteht, sich mit den Werten anderer und denen, die hinter dem Thema stehen, auseinanderzusetzen.

Dynamik und Hintergrund der Wir-Bildung hat in den letzten Jahren viel Aufmerksamkeit gefunden. Erwachsenenbildung, Teamarbeit in Firmen, Schulen und Hochschulen mit Gruppenlernsystem haben stärkere Anziehungskraft entwickelt. Man hat einerseits die größere Effektivität dieser Lern- und Arbeitsform entdeckt, andererseits ist dieser Trend zur Gruppe auch eine Gegenbalance zur größer werdenden Anonymität unserer pluralistischen Gesellschaft.

2. Die Herkunft des Wir

Gruppen und Arbeit in Gruppen hat es schon immer gegeben. Meist war die Teilnahme nicht freiwillig und der einzelne hatte bei der Zusammensetzung und bei der Zielsetzung keine Mitsprache. Er war Gesetzen unterworfen, die lange vor seinem Eintritt bestanden.

Trotzdem, es gab ein Wir, das seine Themen hatte, das sich gegen die anderen abgrenzte und das seine ganz eigene Identität entwickelte. Auch der Familienverband ist ein solches Wir. Um dem Urphänomen Gruppe auf die Spur zu kommen und seine Dynamik besser zu verstehen, müssen wir uns der Ursprungsgeschichte der Gruppe zuwenden. Zur jahrtausendealten Grunderfahrung des Menschen gehört es, neben seiner Existenz als Individuum gleichermaßen als Gruppenwesen zu existieren. Das Leben in der Gruppe prägt ähnlich intensiv wie Klima, Umwelt und Sprache.

Während des größten Teils ihrer Geschichte lebten Menschen nicht in den heute üblichen Familien, sondern in Großfamilien von 25–30 Personen, einer Lebensgruppe, die alle Altersstufen und alle sozialen Ebenen – soweit man von solchen sprechen konnte – in sich vereinte und die für alle Entfaltungsraum hatte. Heute sind es die religiösen Gemeinschaften oder solche Initiativen wie „Drei Generationen unter einem Dach", die sich auf diese Wir-Formen zurückbesinnen und sie mit neuen Vorzeichen aufleben lassen.

Alfred Adler hat uns gelehrt, daß die Gemeinschaft und das Gemeinschaftsgefühl die tragende Komponente für jede Individualität sei und das Fortbestehen der Menschheit bis heute überhaupt garantiert habe. Nicht zufällig ist Verbannung eine der schrecklichsten Strafen. Was Adler mit diesem Gemeinschaftsgefühl meint, drückt er so aus:

> *„Hier lernt der Mensch,*
> *mit den Augen des anderen zu sehen,*
> *mit den Ohren des anderen zu hören,*
> *mit dem Herzen des anderen zu fühlen."*

Die Einbindung in die soziale Gruppe bietet von altersher ein Viergespann an Entfaltungsmöglichkeiten:

- Den Antrieb zu Tätigkeit und Produktivität;
- den Raum, dem ich mich zugehörig fühle und in dem ich meine soziale Sicherheit habe;
- den Rahmen, in dem Mitbestimmung und Gestaltung möglich ist und in dem Mitverantwortung von mir erwartet wird;
- den Standort, von dem aus Auseinandersetzung geschehen kann, sowohl den andern in der Gruppe gegenüber als auch nach außen in die Welt gehend und wirkend.

Wo sonst als im Kreise anderer sollten Menschen ihre Denkanstöße gewinnen, überprüfen und diskutieren, ihre Wertvorstellungen korrigieren und in Handeln umsetzen?

Diese vier Entfaltungsmöglichkeiten will der Wir-Schwerpunkt des TZI-Dreiecks gewährleisten und damit seinen Teil zu ausgewogener Balance bereitstellen, sowohl für das Ganze einer Gruppe als auch für den einzelnen.

Auch in der Lebensentwicklung des einzelnen Menschen können wir das zunächst symbiotische Ich und Du von Mutter und Kind entdecken, das sich zu Individualität und Gruppenfähigkeit entwikkelt.

In den ersten Monaten seines Lebens lebt ein kleiner Mensch in aller Regel im dualen System Mutter-Kind. Die Mutter badet ihr Kind und sagt: „Wir baden jetzt", obwohl sie selbst nicht mit ins Wasser geht. Sie sagt: „Jetzt essen wir", aber es ißt nur das Kind. So definiert sie sich als Einheit mit dem Kind. Wenn es dem Baby schlecht geht, geht es auch der Mutter nicht gut. Ist dagegen die Mutter heiter und guter Dinge, so wird ihr Baby ausgeglichen sein. Wie durch unsichtbare Kraftfelder verbunden, leben sie miteinander und voneinander. Tiefer Einklang prägt dieses symbiotische „Ur-Wir" von Mutter und Kind, wie Fritz Künkel es nennt. Er drückt es ganz körperlich aus: „Das Ur-Wir macht warme Füße".

Je früher ein Mensch den kalten Wind der Vereinzelung und des Alleinseins kennenlernen mußte, um so anfälliger ist er für Wiederholungserlebnisse und seien es auch nur vermeintliche. Der frühe Denkzettel läßt ihn später nur zögernd in Gruppen Fuß fassen. All zu schnell läßt er dann ein Wir in ein „Ich und Ihr" zerfallen. Das Ihr ist dann der Riese, dem er als hilfloser Zwerg gegenübersteht. Menschen tragen oft eine ungestillte Sehnsucht nach diesem symbiotischen Ur-Wir mit sich, begeben sich in schwierigen Phasen ihres Lebens stark in die Regression, in der sie dieses Ur-Wir suchen in immer neuer Hoffnung, diesen symbiotischen Zustand aufs neue auskosten zu können. Sie übersehen dabei den Preis, nämlich den Verlust der Eigenständigkeit, den so ein Eintauchen in die früheste Intimitätsform kostet. Es läßt Prozesse entstehen, die mindestens einer von beiden nicht mehr bewußt mitgestaltet. Diese Art von Ur-Wir – würde sie länger als ein paar Monate anhalten – liefe leicht Gefahr, destruktiven Elementen Raum zu geben, nämlich denen, die Eigenständigkeit nur vortäuschen. Mutter und Kind entdecken wenige Zeit später schon ihre Ich-haftigkeit und hören auf, ihre Zweierbeziehung als uneinnehmbar zu verteidigen.

Dann erst, im Entdecken der jeweils eigenen Person finden sie zu eigenständigem „Ich und Du", „Ich anders als Du". Die Mutter lebt es dem Kind vor. Sie finden zu einem wirklichen „Wir", das zwar noch die Intimität des Künkelschen Ur-Wirs hat, aber nicht mehr dessen Symbiosecharakter. Erste Liebe und große Liebe, auch die große Liebe zu Beruf und Hobby ähneln in ihrer Intensität und ihrer Ausschließlichkeit häufig diesem ersten intimen Wir, auch mit der Symbioseanfälligkeit des Ur-Wir. Sie machen dann eher „überhitzte Füße" als die so notwendigen warmen. Später wird dieses Ur-Wir-Bedürfnis auf Gruppen ausgedehnt und besonders in Therapie- und Selbsterfahrungsgruppen möchte es bis hin zur Symbiose gelegentlich Raum nehmen, nicht nur auf zwei Personen beschränkt. Das Eintauchen in ganz frühe soziale Lebensformen hat belebenden, heilenden Charakter, ist von Außenstehenden aber schwer nachzuvollziehen.

Hier wie da darf es nicht von langer Dauer sein oder als ein soziales Gruppenziel angesehen werden. Wie im Leben des Kindes immer mehr Menschen auftauchen, ihre Individualität darbietend, dem Kind zu eigener Individualität helfend, so differenziert sich auch eine Gruppe als eine Gestalt aus Persönlichkeiten, geben wir ihr nur die nötigen Starthilfen und Impulse.

Aus der ersten Mutter-Kind-Einheit öffnet sich das Leben in viele Gruppen, in lange anhaltende, in kurzfristige, in intimere und offiziellere.

In einem Schema dargestellt könnte das so aussehen:

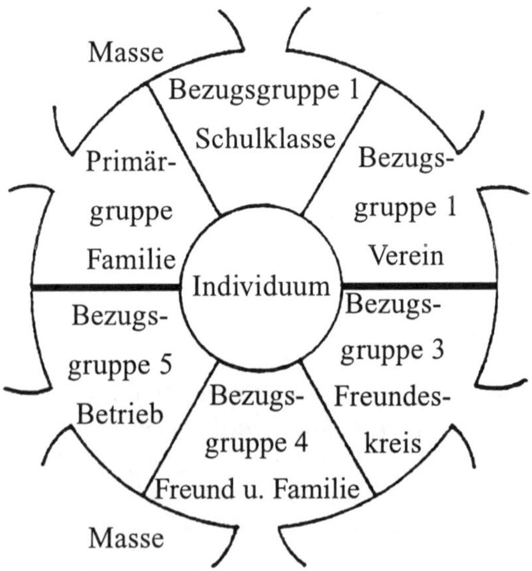

Abb. 14 Ich-Gruppe-Masse

3. Kriterien eines Wir

Wie entsteht nun eine solche Gruppe, wie entwickelt sich ihr Gesicht, was hält sie zusammen, und wann geht sie auseinander? Schauen wir uns zunächst eine Situation an, die Fritz Künkel („Das Ur-Wir") uns bereits 1922 schilderte und die er als Wir bezeichnet:

Ein paar hundert Menschen umstehen ein Fußballfeld. Schon vor Spielbeginn geben sich die einen und die anderen zu erkennen: Club-Farben der einen, Club-Fahnen der anderen, meist auf getrennten Tribünen. Man hört die Landessprache des einen Vereins oder die des anderen.

Je weiter das Spiel fortschreitet, um so lauter ertönt bei jeder Ballbewegung eine Welle der Begeisterung oder der Buh-Rufe mit zunehmender Phonstärke aus dem einen oder anderen „Lager". Jeder jubelt natürlich nur, wenn „seine" Mannschaft sich hervortut, deren Farbe er trägt und die er zu seinem „Wir" gemacht hat.

Die gegnerische Mannschaft, das sind eben „die anderen", „die da", von denen man weiß, daß sie letztes Mal gesiegt haben und die heute – zum Glück – eine schwache Besetzung haben. Und schließlich erleben die einen ihren Sieg und die anderen ihre Niederlage.

Im TZI-Verständnis würden wir diese Fans am Rande eines Fußballfeldes kaum als ein Wir betrachten. Doch sie sind mehr als eine Menge, als Mensch neben Mensch. Sie haben ein gemeinsames Interesse, wenn auch nur auf Zeit, sie haben eine gemeinsame Aufgabe, nämlich „ihre" Mannschaft zum Sieg zu geleiten. Dafür halten sie auch gewisse Regeln ein. Sie einigen sich auf Beurteilungsmaßstäbe und sprechen bzw. schreien die gleiche Sprache.

In wesentlichen Aspekten entsprechen sie aber eben nicht dem, was eine Gruppe ausmacht, die ein echtes Wir entwickelt und sich als solches erlebt.

Dieses Wir ist eine Gestalt, an der jedes einzelne Mitglied individuell mitgestaltet und durch seine Interaktion die Kommunikation aller prägt. Die Gestalt des Wir drückt sich zunächst einmal ganz praktisch in ihrer Struktur aus. In TZI-Fortbildungs- oder Selbsterfahrungsgruppen sitzt man gewöhnlich im Kreis. Das ist kein Zufall. Der technische Vorteil, daß jeder jeden sehen kann, spiegelt auf seine Weise die Werthaltung der TZI, anders als an üblichen Konferenztischen, an denen es durch das vorgegebene oben und unten auch dann Vorsitzende gibt, wenn es offiziell gar keine gibt.

In TZI-Gruppen drückt schon der Kreis der Stühle die Gleichwertigkeit und die Mitverantwortung für die gemeinsame Sache aus, welche Individualität zuläßt, fördert und nutzt. Der einzelne wird sich um so intensiver in einer Gruppe engagieren können, je mehr er seine Individualität wahren und aktualisieren kann. Das Wir der TZI-Gruppe wird von allen geprägt und getragen, die grundsätzlich dazu gehören, auch von zeitweilig Abwesenden und von Schweigenden.

Mit dieser Wertschätzung des Wir und mit diesem Einbeziehen der Individualität in dieses Wir weicht die TZI von anderen Konzepten ab, von solchen, die den einzelnen überbewerten oder die ohne Rücksicht auf den einzelnen ihre Ziele verfolgen.

Der Wir-Begriff der TZI legt den Schwerpunkt der Aufmerksamkeit gleichwertig auf jede Person (Ich), auf die Interaktion (Wir) und auf die Sachziele (Thema), dabei den Einfluß von außen (Globe) als wegweisende Realität akzeptierend. Jeder Teilnehmer steuert den Prozeß des Wir mit, und die so entstehende Interaktion ist das eigentliche Vehikel für Aufgabenerfüllung und Zielerreichung in gutem Klima.

Ebenso wie wir im vorausgegangenen Kapitel von Ich-Identität gesprochen haben und den Weg dorthin beschrieben haben, geht es hier um eine sich entwickelnde Wir-Identität. Trotz aller Gesetzmäßigkeit, die bei Beginn und in der Entwicklung von Gruppen zu beobachten ist, prägt jede Gruppe immer ihr eigenes unverwechselbares Gesicht.

4. Wir-Gestaltung in der Gruppe

Nicht umsonst legt die TZI in ihrer Methodik besonderen Wert auf die Anfangsphase von Gruppen. Dort im langsamen Hineinwachsen jedes Einzelnen in ein neu entstehendes Ganzes wird der Grundstock gelegt für alles weitere vertrauensvolle Aufeinanderzugehen, für angemessen offenen Umgang miteinander sowie mit den anstehenden Problemen und Themen. Ohne dieses bewußt gesteuerte Gruppenwachstum nimmt Mißtrauen und Unsicherheit einen Raum ein, der später schwer freizuräumen ist und in dem unterschwellig die Gruppengeschicke bestimmt werden. Die dort gebundene Energie fehlt der eigentlichen sozialen Gestaltung. Auch die Zuverlässigkeit anfänglich vereinbarter Regeln fördert die Wir-Gestaltung. Solche bewußt getroffenen Verabredungen helfen der Gruppe zu Identität.

Eine Gruppe im TZI-Sinn, bei der man von einem echten „Wir" sprechen kann, zeigt sich vor allem im Vorhandensein

- von Struktur und Vereinbarungen;
- von Zielsetzung und Aufgabe;
- von Wahrung der Individualität;
- von Mitsteuerungsmöglichkeiten im Prozeß;
- von Interaktion;
- eines Rückbezugs auf ein gemeinsames Wertesystem.

Unsere Gruppe am Rande des Fußballfeldes erfüllt diese Kriterien, wie wir sahen, nur zum Teil.

Eine Gruppe und ihre Teilnehmer brauchen sich immer gegenseitig. Eine Gruppe kann nur zum Ziel finden, wenn sie die individuellen Beiträge einzelner zuläßt und nutzt. Sobald einzelne und ihre Beiträge vereinnahmt werden und es für sie immer schwerer wird, sich mit dem Gruppenergebnis zu identifizieren, hält auch das Vertrauen in die Sicherheit der Gruppe und die Freude am Tun nicht mehr an. In umgekehrter Richtung ist die Gruppe notwendige Plattform für das Lernen und Arbeiten einzelner und für ihre individuellen Ziele.

Die Chance der Gruppe, als solche zu existieren und ihre Ziele zu erreichen, ist immer die Synergie, die sich aus dem Zusammenwirken einzelner Persönlichkeiten ergibt.

Ohne die Gabe der Einfühlung, so lehrt uns Adler weiterhin, gibt es kein Gemeinschaftsgefühl. Und es wird durch die Zentrierung auf das Thema unterstützt.

Wir kennen Gruppen von der Kurzlebigkeit eines Urlaubs (Wir erlebten gemeinsam die Johannisnacht und tauschten später noch die Fotos aus) bis zu solchen Gruppen, denen wir ein Leben lang angehören und die zu immer neuen Inhalten und Zielen finden.

Hat eine Gruppe aber einmal ihren Auftrag erfüllt, hat sie kein Thema mehr, so geht sie unausweichlich ihrem Ende entgegen. Gruppen ohne Thema leben noch eine Weile von der Tradition des Zusammenseins, von den guten oder von den schwierigen Beziehungen untereinander, sie entwickeln unter Umständen noch Energie, um nach außen hin ein intaktes Bild abzugeben, aber auch das kann das Ende nicht aufhalten. Ein Wir-Gefühl kann nicht mehr aufkommen, weil es keine Wir-Aufgabe mehr gibt.

Dieses Hintergrundwissen über das Wesen des Wir in der TZI und über das Hineinwachsen und Leben in Gruppen soll uns helfen, diesem Aspekt des Balance-Dreiecks genügend Gewicht zuzumessen und es sowohl als Diagnose-Instrument zum Prozeßverständnis zu nutzen, als auch als Instrument zur Planung und Steuerung von Gruppenabläufen. Diese Handhabung kommunikationsfördernder Aspekte garantiert uns, daß Gruppen eine Ausgewogenheit im Sach- und Personenbezug erlangen.

In der TZI bleibt der Mensch für den Menschen nicht Objekt. Der andere wird lebensnotwendige Ergänzung und Hintergrund. Der eine Mensch kann ohne den anderen nicht Mensch sein. Das ist die pragmatisch-politische Aussage der TZI im Umgang mit dem Wir.

VIII. Rund ums Thema

1. Einleitung

Die Aufmerksamkeit den Themen gegenüber und der Umgang mit ihnen ist neben dem Balance-Gedanken und den Postulaten ein Hauptschwerpunkt im methodischen System der TZI. Darum soll auch hier dem Thema besondere Aufmerksamkeit gewidmet werden.

Das einzelne Ich oder der Prozeß wird, wie in der Gruppendynamik, auch bei TZI zum Thema erhoben. Darüber hinaus aber ist der methodische Ansatz der TZI besonders für solche Gruppen konzipiert, die sich ausdrücklich zur Bearbeitung einer Sachaufgabe, eines Lehr- und Lernthemas oder einer Problemlösung zusammenfinden.

In einer TZI-Gruppe ist das verabredete Thema, ob Sacharbeit oder persönlicher Inhalt, Fokus der Aufmerksamkeit. TZI geht davon aus, daß es auf der einen Seite die Themen sind, die unserem Leben und Zusammenleben Sinn und Dynamik geben, daß aber auf der anderen Seite persönliche Betroffenheit erst wirkliches Interesse am Thema weckt und erhält.

Die TZI sorgt dafür, daß die ursprüngliche, den Menschen vielfach nicht mehr bewußte Zusammengehörigkeit von Sachen, Menschen und Beziehungen wieder zusammen kommt. Dazu trägt besonders die sorgfältige Hinwendung zum Thema bei. Das ist wie ein Wechselspiel: Themen sind Verbindungsanker für Beziehung. Sympathie und Interesse am anderen sind Verbindungsanker für Themen.

Wenn man etwas miteinander zu tun haben will, muß man etwas miteinander tun – oder denken, träumen, entwickeln. Je höher das

Interesse am gemeinsamen Thema, um so haltbarer erweist sich der Verbindungsanker „Beziehung". So gesehen ist es kein Wunder, daß Beziehungen unsinnig und zähflüssig werden, letztlich auseinandergehen, sobald ihre Themen erloschen sind. Jede Beziehung, die selbst für ihre Themen sorgen muß, Ehen und Partnerschaften z. B., sind hier gefährdeter als Berufsfelder oder Parteien, denen die Themen eher als Auftrag zufließen.

Sind die inhaltlichen Themen erstmal gefährdet, so kann die Beziehung selbst und ihre Störung noch eine Zeitlang thematisiert werden, bis auch dieses den inhaltlichen Mangel nicht mehr verdrängen kann.

Manchmal will es mit der Beziehung über ein Thema trotzdem nicht so recht gelingen. Sollte es sich dabei um die sogenannten „Tortenstückbeziehungen" handeln, in denen jeder seinen inhaltlichen Anteil aus der großen Themen-Torte herausschneidet, ihm sonst aber wenig oder gar nichts an gemeinsamer Sache gelegen ist?

Wirklich gemeinsame Themen wachsen auch gemeinsam weiter, im Inhalt und in der Beziehung.

Auch wo ganz private Freundschaften keine gemeinsame Sache mehr haben, bekommen sie rasch einen nostalgischen Anstrich. „Weißt du noch . . .?" so drücken die Themen sich dann aus. Klassentreffen sind solche nostalgischen Erlebnisse: zuerst begeistertes Aufeinanderzugehen, Austausch über das, was aus einem „geworden" ist, alte Erlebnisse hervorholen, die Lehrer noch einmal zum Thema machen. Dann wird es schon bald zähflüssig, die gemeinsamen Themen aus dem Dort und Damals der Schulzeit erschöpfen sich und sind als Verbindungsanker nur noch bedingt tragfähig.

So hängt das Schicksal lebendiger Beziehungen zwischen Lebens- und Arbeitspartnern von der Fähigkeit ab, Themen zu entdecken und lebendig zu gestalten.

Auch ein Negativthema hält nur für begrenzte Zeit. Besonders im politischen Bereich haben viele Gruppierungen den Protest zu ihrem Thema gemacht. Protest ist wichtig und hat Erfolg, aber sein negativer Inhalt trägt nicht auf Dauer. Protest allein genügt nicht. Protest ist Reaktion, ist Gegen-Solidarität. Er sollte in einen positiven Aspekt überführt werden. Eine progressive Aktion muß ihn begleiten oder ihm folgen.

Ein Thema, eine Idee oder eine Aufgabe ist immer auch der stärkste Verbindungsanker zu mir selbst und darüber hinaus zu anderen, wie wir es in der Alltagsgeschichte zum Dreieck erfahren haben.

„Stundenlanges Brüten über einem Thema kann nichts herausbringen", schreibt Heinrich v. Kleist. „Es sei denn, man vertraut das Thema durch Darübersprechen einem anderen oder einer Gruppe an. Nicht, als ob es mir der andere/die Gruppe im eigentlichen Sinn dann löste . . . Aber es prägt, wenn ich nur den Anfang mache, das Gemüt, jene verworrene Vorstellung zu Deutlichkeit aus."

2. Kleine Themen – kleine Anker große Themen – große Anker

Nicht alle Themen sind qualitativ gleich, um ein tragfähiges Fundament abzugeben. „Kleine" Themen sind nur für einen begrenzten Zeitraum tragfähig: Wir kochen gemeinsam ein Essen, diskutieren über ein Konzert, das jeder gehört hat, oder wir machen eine gemeinsame Reise an einen für alle interessanten Ort, wir treffen uns im Gespräch zu aktuellen politischen Themen. Ist der Anlaß und sein Nachgespräch beendet, so bildet dieses Thema keinen Anker mehr.

Daneben stehen die „großen" Themen, die ein großes Ziel, eine große Idee verwirklichen wollen. Diese sind auf lange Zeiträume angelegt. Mit ihren Teil- oder Unterthemen überdauern sie vielleicht Generationen. Aber auch sie drohen in Vergessenheit zu geraten und an Interesse zu verlieren, wenn sie nur mit Kopf und nicht mit Hand und Herz weiterverfolgt und lebendig gehalten werden.

Erinnern wir uns an dieser Stelle noch einmal an die Eisbergtheorie im Dreieckstext, so entdecken wir bei den kleinen Themen ebenso wie bei den großen die sogenannten „Mitläuferthemen", die, je nach dem, im unteren oder oberen Teil des Eisbergs ihr Unwesen treiben. Da sprechen wir z. B. „ganz sachlich" über die günstigste Wegstrecke nach Rom, während ich schon die Angst hochsteigen spüre, die ich beim Fliegen habe. Gleichzeitig plagt mich die Sorge vor dem Spott der anderen.

Da sprechen wir über eine simple „Umorganisation" im Büro und in mir höre ich es flüstern: „Mit Herrn V. zusammen würde es am meisten Spaß machen", oder: „Wie werde ich es bloß schaffen, mit den neuen Computergeräten umzugehen?“ Die unsachlichen Themen beherrschen das Feld.

Die offiziellen Sachthemen ergeben sich mehr aus der Logik der Situation als aus der Psycho-Logik der Gesprächspartner. Es bedarf eines längeren Einübens, auch die „Mitläufer-Themen“ der Psycho-Logik in die Gesprächsebene zu heben. Erst wenn beides gekoppelt wird, ist die Kommunikation insgesamt stimmig, sind wirklich alle „bei der Sache“. Das Eisbergbild hat uns das an anderer Stelle deutlich gemacht.

Anliegen der TZI – und damit Aufgabe des Leiters – ist es, diesem Zusammenspiel Raum zu verschaffen. Der „Das-gehört-nicht hierher“-Standpunkt sollte dabei unbedingt aufgegeben werden. Alles gehört hierher, was durch das Thema oder durch die Kommunikation ausgelöst wurde.

In der Paxis der TZI sieht das Themengeflecht dann z. B. so aus: Ich arbeite mit Studenten am Thema „Wie organisiere ich mein Studium für das Grundschullehramt: finanziell, zeitlich und inhaltlich“.

Im praktischen Durcharbeiten dieser Inhalte entwickelten sich bei den Studenten schnell weitere Anliegen, die ich hier schon als Themen formuliere:

- Ich bin die erste Studierende in der Familie, wo kann ich Zustimmung bekommen, wo mir Hilfe holen?
- Mein Umgang mit Kindern. Wie gehe ich auf die verschiedenen Altersstufen zu, wie auf Mädchen, wie auf Jungen?
- Die Institution Schule ist mir nicht in bester Erinnerung. Wie lerne ich sie neu kennen?

3. Das gute Thema trifft: Vier Schritte zum Entwickeln des Themas

Die folgenden Anregungen skizzieren den Entwicklungsprozeß von Themen und sorgen dafür, daß das Thema mit dem Leiter selbst und mit dem Prozeß der Gruppe in Verbindung steht, daß es in den gegebenen Rahmen paßt und in eine lebendige Bearbeitung führt.

Hierfür bietet die TZI ein methodisches Konzept an.

Wenn ich hier vom Themenfinden und -formulieren, vom Themenleiten und -entwickeln spreche, so ist das für Seminararbeit, speziell im Erwachsenenbildungs- und Beratungsbereich gedacht.

Die Praxis ist unschwer in andere Bereiche, wie etwa Vorbereitung und Gestaltung von Gremienarbeit, politische Aktivitäten oder Konferenzen zu übertragen.

Mit Thema ist all das gemeint, wozu eine Gruppe sich trifft: die Lösung von Sachaufgaben, ebenso die Bearbeitung persönlicher Probleme oder die Klärung von Beziehungen, das Durcharbeiten von Lern- und Diskussionsstoff.

Themen können vorgegeben und bereits in einem Programm veröffentlicht sein oder sie werden erst mit den Teilnehmern gesammelt und ausgewählt und für die Bearbeitung erschlossen. Ich habe einige Grundsätze zusammengestellt, die allgemein für das Entwickeln, Formulieren und Einleiten von Themen gelten, ganz gleich in welcher Phase eines Seminars wir stehen und mit welcher Zielgruppe wir es zu tun haben. Prozeß- und phasenbedingte Abweichungen werden diese Grundsätze in der praktischen Arbeit immer ein wenig wandeln.

Themen zu formulieren ist eine kreative, fast künstlerische Tätigkeit, die in Intervallen geschieht.

Einfälle kommen nicht auf Befehl. Ihre Entwicklung braucht Zeit. Manchmal wollen Themenfragmente über Nacht gären, bis sich aus der Fülle der zunächst gesammelten Einfälle das Thema herauskristallisiert, bis Worte und Bilder entstanden sind, die für eine stimmige Formulierung gebraucht werden können. Ein Wort, anders gesetzt oder ausgetauscht, und das Thema hat ein anderes Gesicht.

So wichtig wie der kreative Teil im Prozeß der Themenentwicklung auch ist, er braucht einen Zwilling, ohne den wir nicht zur geeigneten Arbeitsformulierung kommen: das systematische Überlegen und Ausformulieren.

Die folgenden Schritte, als Fragen formuliert, skizzieren den Weg zum fertigen Thema.

a) Was ist mein eigener Bezug zum Thema? Was bedeutet es für mich?

Nur wenn ich persönlich am Thema interessiert bin, werde ich in der Regel auch bei der Gruppe Interesse wecken können. Gleichzeitig muß ich freilich die Teilnehmer davor schützen, ihre Arbeit am Thema durch meine Betroffenheit zu blockieren oder durch mein Eigeninteresse einzuschränken.

b) Wie setze ich das Thema und seine Bearbeitung mit dem bisherigen und dem künftigen Prozeß der Gruppe in Beziehung?

Das Thema und die Struktur für seine Bearbeitung sollten auch den bisherigen Gruppenprozeß reflektieren: Haben wir viel am Inhalt gearbeitet, und kam dabei das *Ich*-Thema und das *Wir*-Thema ein wenig zu kurz? Oder war im Gegenteil bisher die Entwicklung des Wir im Vordergrund, und es wird jetzt Zeit, das eigentliche Arbeitsthema ins Zentrum zu rücken?

Das Thema sollte anknüpfen an das Umfeld des einzelnen zu Hause und/oder an seinen Arbeitsplatz. Zumindest sollte es der Teilnehmer aus seinem Alltag heraus verstehen.

c) Welches sind die Möglichkeiten und Grenzen, die zur Bearbeitung des Themas zur Verfügung stehen?

Thema, Struktur, Tageszeit und Zeitbedarf müssen in Einklang miteinander stehen.

Das gewählte Thema muß der vorgesehenen Zeitdauer angemessen sein. Es muß auf die Versprechungen hin geprüft werden, die in ihm liegen: Können sie in der gegebenen Zeit realisiert werden?

d) Wie starten wir mit dem Thema einen lebendigen Prozeß?

Eine Einführung soll es den Teilnehmern erleichtern, persönliche Anknüpfungspunkte zu erkennen, an denen sie einsteigen können. Mit der Einführung stellt der Leiter das Thema in den Zusammenhang des bisherigen Prozesses und macht deutlich, warum er gerade dieses jetzt gewählt hat.

Transparenz ermöglicht Mitgehen und Reagieren, sollte das Thema wichtige Aspekte nicht enthalten. Auch hier nehmen Abhängigkeitsgefühle ab, je mehr Zusammenhänge sichtbar werden.

4. *Weitere Überlegungen und Hinweise zur Entwicklung von Themen*

- TZI-gerechte Themen werden immer versuchen, schon in der Formulierung den Sachbezug und den persönlichen Bezug zusammenzubinden.
- Jedes Thema sollte etwas Bekanntes enthalten, an dem der Teilnehmer seinen Anknüpfungspunkt findet und dem er sich relativ angstfrei nähern kann. Jedes Thema muß gleichzeitig auch etwas Neues, Herausforderndes ansprechen, was Neugier weckt. Das TZI-gemäße Thema zieht durch seine „angstfreie Verlockung" an.
- Das Thema soll das Resultat nicht schon vorwegnehmen. Wortwahl und Ausdrucksweise können unter der Hand Wertungen in das Thema einschmuggeln, die die Arbeit in eine bestimmte Richtung drängen. Angepaßte Teilnehmer übernehmen diese „Wegweiser" unreflektiert und hindern sich damit an eigenen Einsichten. Andere fühlen sich manipuliert und nehmen das Thema nur widerstrebend an.
- Die Themensetzung in der TZI lebt vom Wort und davon, daß das Anliegen die Menschen über das Wort erreicht. In diesem Bewußtsein sollten die Themen der Zielgruppe entsprechend formuliert sein. Die Wortwahl erleichtert oder erschwert den Prozeß.
- Mit der Themenformulierung und der Wortwahl wird auch die Interventionstiefe vorbestimmt, wobei die Einführung noch verstärkend wirken kann. Grundsätzlich muß in den Hintergrund eines Themas nur so tief eingestiegen werden, wie es nötig ist, um zu den hier angestrebten Ergebnissen zu gelangen.
- Zu schwergewichtig formulierte Themen beschwören Phantasien herauf, oft auch Abwehr, weil die Gruppe dann ihr eigenes Maß an Tiefe der Themenbearbeitung sozusagen gegen die Formulierung des Themas behaupten muß. Thema und Teilnehmer sind dann mühsam zusammenzubringen.
- Eine kleine Provokation im Thema weckt die Neugier und regt zu konstruktiver Auseinandersetzung an. Ist das The-

ma der Gruppe um einen Schritt voraus, so sieht sie es klarer, als wenn es unter ihren Füßen liegt.

- Das Thema soll zum Experimentieren anregen, zum Probehandeln oder zum Probedenken und damit auch ein wenig Mut vom einzelnen verlangen.
- Besonders bei den Anfangsthemen ist es wichtig, daß diese niemanden unter Druck setzen, jetzt etwas sagen zu müssen, was er noch nicht sagen will. Auch hier gibt es die schwierige Balance zwischen der Ermutigung zum selbstbestimmten Risiko und dem Druck zu letztlich unfreiwilligem Handeln.
- Ein und dasselbe Thema wird je nach Struktur, in der es bearbeitet werden soll, unterschiedliche Wirkungen auslösen. Die Kleingruppe bringt in der Regel mehr Dichte und Intimität, eignet sich daher eher für persönliche Themen, bei denen sich jeder einbringen können soll. Ihre rascher als im Plenum entstehende Vertrautheit fördert Tiefe und Engagement. Das Plenum muß dennoch nicht unpersönlich sein, nur bietet es auf Grund der für den einzelnen zur Verfügung stehenden Zeit weniger Chancen für aktive Mitwirkung. Es führt daher zu weniger Interaktionen.
- Symbole und komplizierte Sätze im Thema erschweren die Arbeit. Das Thema ist dann auch durch eine gute Einführung nicht mehr zu retten. Symbolische Begriffe bringen das Gespräch leicht auf eine symbolische und abstrakte Ebene, passive Begriffe bringen es auf eine handlungsarme, neutrale Ebene. Der Leiter hat es dann sehr schwer, auf die reale Ebene zu kommen. Er muß sich doppelt anstrengen, den Klartext aus den Symbolen herauszuhören.
- Themen sind positiv zu formulieren, z. B. „Wege, um uns besser zuzuhören . . .“ öffnet eher als „Wir hören uns nie zu – was sollten wir vermeiden . . .?“.
- Es mag Fälle geben, in denen man das Thema aufschreiben muß. Dann sollte man beachten, daß die Graphik, Schreibweise, Schriftgröße und Farbe dem Thema mitunter Akzente und Betonungen unterschiebt, die man als Leiter gar nicht beabsichtigt hat. Durch das Aufschreiben entsteht ein visuelles Bild des Themas, das zu dem akustisch angesagten passen muß.

- Ein wichtiger Merksatz ist der folgende: *„Leite nur Themen, die Du selbst mitformuliert hast!"* Fremde Themen zu leiten ist problematisch, weil man selbst den Weg der Schöpfung dieses Themas nicht mitgegangen ist. Auch festliegende Arbeitsthemen wirken mit einer eigenen Formulierung attraktiver.
- Die Themen und deren Arbeitsinhalte müssen mit dem Globe korrespondieren. Oft ist eine Gruppe so engagiert, daß sie alles andere aus den Augen verliert, auch die Realität, in der sich die Themenergebnisse nachher behaupten wollen.

5. Der Prozeß der Bearbeitung: Brücke zwischen Thema und Gruppe

Das Arbeiten am Thema kann sich auf drei zeit- und ortsbestimmten Ebenen bewegen, die immer aufeinander einwirken, auch wenn sich die Arbeit vornehmlich auf einer der drei Ebenen abspielt:

- auf der Ebene des *„Dort und Damals"* der Vergangenheit;
- auf der Ebene des *„Hier und Jetzt"* der Gegenwart;
- auf der Ebene des *„Da und Später"* der Zukunft.

Was ist damit gemeint? Unterstützt durch die Themenformulierung und die Einführung durch den Leiter wird den Teilnehmern folgendes ermöglicht:

a) Auf der Ebene des *„Dort und Damals"* werden sie Anteile finden und in die Arbeit einbeziehen, die in der Vergangenheit begründet liegen. Dazu gehört alles, was sich persönlich und im Zusammenhang mit anderen ereignet hat, sei es gestern oder vor zehn Jahren. Bezogen auf die Lernsituation in der Gruppe umfaßt das „Dort und Damals" all das, was außerhalb dieser Sitzung und zeitlich zurückliegt. Es ist das ganze Gepäck an Vorerfahrungen und Erinnerungen, Ereignissen und Vereinbarungen, die von außen und von früher mit diesem Thema aktiviert werden. Das Lebensumfeld des einzelnen gehört auch dazu.

b) Zweitens können Aspekte verdeutlicht und bearbeitet werden, die sich aus der aktuellen Situation in der Gruppe, im gegenwärtigen *„Hier und Jetzt"* ergeben. Leben, Handeln und Zusammenwirken ereignen sich immer im Augenblick der Gegenwart. Alle Gedanken und Gefühle leben im „Hier und Jetzt", freilich immer beeinflußt vom „Dort und Damals" sowie von der dritten Ebene, nämlich

c) dem Vorausplanen und Vorausschauen auf Fragen, die für die künftige Lebens- und Arbeitswelt (dem *„Da und Später"*) entschieden und gestaltet werden sollen. Es ist die Zukunft, für die wir letztlich kreativ sind, denken, planen und neue Verhaltensweisen oder Handlungsmöglichkeiten ausprobieren.

Alle drei Ebenen stehen miteinander im Zusammenhang und im Prozeß der Themenbearbeitung sollte dieser Zusammenhang sichtbar werden. Zumindest sollte ihn der Leiter im Auge behalten, um in den folgenden Einheiten die eventuell unterbelichteten Aspekte anzusprechen.

Der Weg der Themenbearbeitung läuft über verschiedene *Stationen*, die wir hier nur anreißen können. Sie sind die Arbeitsgrundlage für die Zielerreichung. Es handelt sich dabei um

- eine *Eröffnungs*phase, in der das Thema genannt und eingeführt wird,
- eine *Bearbeitungs*phase, in der wichtige Aspekte des Themeninhalts ausgeleuchtet werden.
- eine *Entscheidungs*phase, in der Schritte der Veränderung und des Neubeginns festgelegt werden.
- Eine Phase der *Integration*, in der die Entscheidungen in die Realität übertragen werden, schließt den Prozeß ab.

Ist die Themenarbeit mit der Gruppe beendet, so ist es sinnvoll, sich als Leiter den Themenprozeß noch einmal vor Augen zu führen und ihn in seinem Gesamtablauf Revue passieren zu lassen. Erst dann ist auch der Leiter aus dem Thema entlassen. Einige Stichworte für sich selbst festzuhalten, kann eine weitere Planung unterstützen und ist nicht zuletzt Teil des persönlichen Entwicklungsprozesses des Leiters.

Es ist müßig, hier Beispiele für Themenformulierungen anzufügen. Themen müssen selbst erarbeitet werden und in Ausdruck und Formulierung zur eigenen Person passen. Es fühlen sich immer diejenigen angesprochen, die ich mit meiner Wortwahl gerufen habe. Selbst geübte TZI-Leiter machen sich immer wieder auf den langen Weg der Erprobung bis sie die richtige „stimmige“ Formulierung herausgefunden haben. Für eine gute Übung halte ich das Blättern in Seminarprogrammheften. Unter der Fragestellung „Würde es mir Spaß machen und verspreche ich mir einen Lerneffekt?“ findet man bald heraus, wie aktivierende, lebendige Themen formuliert sind.

Ruth Cohn nannte einen ihrer entscheidenden Aufsätze über TZI: „Das Thema als Mittelpunkt interaktioneller Gruppen“ (Cohn 1976). Schon in diesem Titel drückt sich die Modifikation zu gruppentherapeutischen Verfahren aus, die dem Wunsch entsprang, durch die Kopplung von Thema und Interaktion die Menschen mehr auf der psychologisch-zwischenmenschlichen Ebene zu erreichen und im Verlauf der Gruppe konkrete Themen als roten Faden zur Verfügung zu stellen.

Nachdem wir hier so ausführlich wichtige Aspekte des Themas im TZI-Sinne ausgeleuchtet haben, können wir nur noch darauf hinweisen, daß Themen immer Ausdruck und Aussage ihres Urhebers sind.

Es kommt in meine Gruppe – und fühlt sich dort wohl und arbeitsmotiviert – wen ich mit meinem Thema rufe.

IX. Der Globe – die komplexe Realität

*„Die Kenntnis des Ortes
ist die Seele des Dienstes!“*
(Freiherr vom Stein,
Die Wiederkehr des Genius loci)

Das Dreieck wäre nicht vollständig und könnte uns allenfalls kurzfristig als Handwerkszeug dienen, würden wir es nicht mit einem Kreis, der es umgibt und dabei seine Ecken tangiert, vervollständigen. Der Kreis, bzw. eine Kugel, wenn wir es dreidimensional sehen, steht für den Globe, dieses den Menschen und jede Gruppe umgebende Feld, welches neben mir selbst beginnt und im Weltall noch nicht endet.

Der Globe macht das Dreieck erst zu jener Vier-Faktoren-Struktur, die die Aussagen der Axiome in therapeutisches und pädagogisches Handeln umsetzt:

- Autonomie gelingt nur, so weit es der Globe zuläßt (Ich-Aspekt).
- Jeder steht immer im zweifachen Dialog mit der Welt: den Menschen gegenüber und den Dingen, Gedanken und Werten (Wir-Themen-Aspekt).

Nur im Netzwerk des Zusammenspiels von Ich-Wir-Themen-Faktoren und Globe kann solches Leben gelingen, in welchem sich Menschen von Entwicklungsstufe zu Entwicklungsstufe subjektiv besser fühlen als zuvor, um im Sinne Abraham Maslows zu sprechen. Dazu gehört auch, daß zerstörerische Kräfte in der Welt aufgespürt und gestoppt werden, und daß nachwachsende Materialien und Energien die von Ausbeutung bedrohten ablösen.

TZI will im Ansatz eine Gesellschaftstherapie sein *(People therapy* nannte es Ruth Cohn in ihren ersten Notizen). Das geht natürlich nur dann, wenn sie auch die Gesellschaft zu ihrem Maßstab und zugleich zu ihrer Aufgabe und zu ihrem Aktionsfeld macht.

Der Globe – die universale Umwelt – ist der Ort, in den wir hineingeboren werden und der Ort, zu dem wir zurückkehren. „Der Globe weitet sich zum Kosmos aus; denn alles hängt mit allen und allem zusammen, wann und wo es auch geschah, geschieht und geschehen wird“, so faßt Ruth Cohn diesen Gedanken in einem Satz zusammen. Die Zusammenhänge in der Welt werden mit jedem Tag komplexer. Jeder Schritt in Forschung und Wissenschaft führt zu mehr Differenzierung und Vernetzung, aber auch zu Gegensätzlichkeit und Ausgrenzung.

Diese Universalität von nah und fern, von Zeit und Raum, von innen und außen bestimmt unser Leben und unser Zusammenleben. Welche Möglichkeiten des Handelns wir haben und welchen Einschränkungen wir unterliegen, erfahren wir hier.

Der einzelne und die sozialen Systeme – so auch jede Gruppe – stehen immer im wechselseitigen Austausch mit ihrem Umfeld, es nimmt Einfluß auf mein Verhalten. Auch eine Änderung eines einzelnen im Denken und Handeln – z. B. durch Lernerfahrungen und die Reaktionen darauf – wird für die Umwelt spürbar. Sie wird ihrerseits auf ihn reagieren, unterstützend oder abweisend. „Umschlagplatz Globe“ nennt Paul Matzdorf diese Seite des Menschen und kennzeichnet damit deutlich die Wechselbeziehung Globe – Person, Globe – Gruppe – Person.

Je realistischer wir unser Umfeld wahrnehmen und einzuschätzen lernen, um so handlungsfähiger werden wir sein. Auch wenn wir den Globe als solchen nicht ändern können, gelingt es doch, ihn anders zu gestalten. Ich kann das Wetter nicht ändern, wohl aber meine Kleidung und meine Wohnung. Ich kann Gesetze nicht kurzfristig ändern, aber ich kann mich für eine langfristige Änderung einsetzen. Mit dem Globe konstruktiv umgehen heißt auch, änderbare Dinge und Beziehungen von den unabänderlichen zu trennen.

Während die Ich-Wir- und Themen-Aspekte des Dreiecks meist präsenter sind und die Menschen sich schneller für sie engagieren, tritt der Globe oft erst dann ins Blickfeld, wenn er sich zu ihren Ungunsten gestaltet. Dabei ist der Globe gerade diejenige Instanz, die zuläßt und ermöglicht. Nur wenn er mitspielt kommen wir weiter. Gerade in den letzten Jahren sehen wir in Umwelt und Wirtschaft die Folgen seiner Vernachlässigung. Die Realität holt uns ein: die technische Revolution beschert uns Millionen von Arbeitslosen, der leichtsinnige Umgang mit Rohstoffen, der unvernünftige Einsatz von chemischen Mitteln beutet unsere Umwelt aus und so lange die Schere zwischen Armut und Reichtum immer größer wird, ist abzusehen, wann der soziale Globe explodiert. Darum zeigt es sich nicht zuletzt am Umgang mit dem Globe, ob der einzelne autonom und interdependent lebt, ob er das Stück Welt um sich herum und was ihm darüber hinaus möglich ist verantwortlich in sein Handeln einbezieht.

Die Sichtweisen von diesem, an sich gleichbleibenden Globe, sind jeweils individuelle Sichtweisen. Jeder Mensch – und jede Gruppe, Firma, Organisation – schaut aus ihrem Blickwinkel und durch ihre Brille auf die Realität um sich herum. Die Leser kennen vermutlich die Geschichte vom Elefanten und den Blinden, die herausfinden wollen, um welche Form es sich handelt. Jeder beschreibt sein Tastergebnis als sein Bild des Elefanten: beim einen ist der Elefant ein Rüssel, beim anderen ein Stoßzahn oder ein Bein. Auch Sehende halten oft, Blinden gleich, ihren Blickwinkel für die ganze Realität. So ist der erste Schritt des Aufeinanderzugehens immer eine gemeinsame Bildgestaltung des Globe.

Konzentrischen Kreisen gleich wird zunächst das individuelle Umfeld im Blick sein und je weiter man Aufmerksamkeiten entwickelt, um so mehr wird der Blick das Umfeld vieler und den Globe aller Menschen erreichen. Hierzu einige Beispiele aus der Praxis:

Wenn wir davon ausgehen, daß zum Globe alle Menschen gehören und alle Geschehnisse, die sich außerhalb meiner Person ereignen, dann sind z. B. Menschen der gleichen Ortschaft von gleichen öffentlichen Verkehrsbedingungen abhängig, die sie zunächst nur wandeln können, wenn sie ihren individuellen Globe wandeln (eigene Beförderung, Wechsel des Wohnortes). Sie können auch in gemeinsamer Aktion tätig werden (politische oder organisatorische Aktivität), um den gemeinsamen Globe umzugestalten.

Eine Gruppe mit anderen Gruppen im gleichen Tagungshaus hat meist den gleichen Globe, was Essenszeiten, Sportmöglichkeiten, Ausgestaltung der Räume angeht. Ungleich dagegen zeigt sich der Globe der Gruppen bei der Herkunft der Teilnehmer, beim Auftraggeber und dessen Ansprüchen, beim Zeitbudget für die Arbeit oder in der hierarchischen Struktur der Teilnehmer. Erreicht aber eine aktuelle Tagesnachricht, politischer oder persönlicher Art, diesen

Ort, so wird dieses Ereignis voraussichtlich eine annähernd gleiche Auswirkung auf alle Gruppen haben, so unterschiedlich sie auch im aktuellen Prozeß stehen mögen. Wie sie damit umgehen, wird die individuelle Entscheidung jeder Gruppe sein.

Die verschiedenen Globeaspekte könnten so aussehen:

a) Globe einer Schulklasse

- Einzugsgebiet, soziale Struktur
- Lehrergewerkschaft
- Lehrermangel
- Lehrplan
- Finanzquellen
- Ferienregelung
- Welche Berufe werden gebraucht?

b) Globe einer Erwachsenenbildung

- Herkunft der Teilnehmer
- Alltagssituation
- Arbeitssituation/-markt
- Finanzielle Situation
- Konkurrenz
- ökologisches, politisches, soziales Umfeld

c) Globe eines Unternehmens

- Marktlage
- Lieferanten
- Gewerkschaft
- Lohn- und Gehaltskämpfe
- Konkurrenz
- Standort
- Mitarbeiterbudget
- Währungs-Kurs

d) *Globe einer sozialen Institution*

- Erwartungen Außenstehender
- Anbindung an Kirche oder Staat
- Finanzsituation
- Krankenkassen
- Gesetze
- Pflegedienstnotstand
- Angehörige

e) *Allen gemeinsam wären folgende Globeaspekte*

- Politische Lage
- Wirtschaftliche Lage
- Leitbilder und ihr Wandel
- gesellschaftliche Norm
- Forschungsergebnisse
- Wetter
- aktuelle Ereignisse
- gesetzliche Feiertage

Im Umgang mit dem Globe zeigt sich die Alltagsbezogenheit der TZI. Was in der Einzeltherapie Selbstverständlichkeit ist, gilt auch hier: Das Hereinholen der Teilnehmer aus ihrem Globe ins Gruppengeschehen oder in ein anderes Arbeitsvorhaben und das Hinausführen in denselben zum Abschluß. Schon bei der Planung werden alle Fakten, die die Teilnehmer in ihrem Globe betreffen, zusammengetragen. Sie werden die Gruppenstruktur wesentlich mitprägen und die Interaktion beeinflussen. Nur so können wir die Themen wirklich alltagsnah behandeln und für den Transfer der Lern- und Sachergebnisse sorgen. Folgende Fragen können diese Schritte erleichtern:

- Was kennzeichnet den Alltag der Teilnehmer und welchem Impuls folgend kommen sie hierher?
- Mit welcher Wirklichkeit draußen müssen die Arbeitsschritte hier korrespondieren?
- Wie groß soll der nächste Schritt der Veränderung im Arbeitsfeld sein und welches Teilziel soll erreicht werden?

- Wer im Umfeld kann die Zielerreichung unterstützen?
- Wie kommt dieses neue Vorgehen unter Umständen mit den Überzeugungen und Gewohnheiten der Umgebung in Konflikt?

In Lern- und Arbeitsgruppen, auch in Konferenzen kann die Ausrichtung auf den Globe nur nachgebildet oder vorphantasiert werden. Die Bewährung steht „draußen“ an. Aber je mehr wir das „Draußen“ hereinholen, um so geringer wird die Schere von Realität und Sandkastenspiel auseinanderklaffen. Und noch ein letztes: Der Globe, diese Lebens- und Arbeitsbühne verändert auch seinerseits Gesicht und Struktur. Kaum eine Gegebenheit ist für alle Zeiten festzementiert.

Während ich dies schreibe (1. 7. 1990), wird in der DDR das erste Westgeld ausgegeben. Wer hätte vor einem Jahr an diesen Wandel gedacht. Aber Wandel – noch dazu in positiver Richtung – geschieht nur selten von selbst. So ist auch dieser Wandel in Wechselbeziehung mit denen geschehen, die es so nicht mehr wollten. Vom Globe angestoßen, stießen die Menschen den Globe an, diesen Globe, der immer Quelle und Mündung allen Handelns ist.

X. Das erste Postulat: „Sei Dein eigener Chairman!“

Wenn ich mein Leben
anderen überlasse,
wird es nie ganz meins.

1. Chairman, was ist das?

Diese in Sprache gegossene Aufforderung, Ich selbst zu sein, wollen wir zunächst im Wortlaut von Ruth Cohn hören. In ihrem Buch „Von der Psychoanalyse zur Themenzentrierten Interaktion“ (1976) formuliert sie es so:

> „Sei Dein eigener Chairman/Chairwoman, sei die Chairperson Deiner selbst.
> Höre auf Deine inneren Stimmen – Deine verschiedenen Bedürfnisse, Wünsche, Motivationen und Ideen. Gebrauche alle Deine Sinne – höre, sieh, rieche und nimm wahr. Gebrauche Deinen Geist, Dein Wissen, Deine Urteilskraft, Deine Verantwortung, Deine Denkfähigkeit. Wäge Entscheidungen sorgfältig ab. Niemand kann Dir Deine Entscheidungen abnehmen. Du bist die wichtigste Person in Deiner Welt, so wie ich in meiner. Wir müssen uns untereinander klar aussprechen können und einander sorgfältig zuhören, denn dies ist unsere einzige Brücke von Insel zu Insel.“

Ruth Cohn ergänzt diesen Text im Handbuch der Psychotherapie (Corsini 1994):

> „Sei du selbst . . .“ – das ist „die schlechthin zentrale pädagogische, therapeutische und politische Intervention der TZI. Sie ist der Ausdruck menschlicher Individualität und Solidarität . . . Es sind nicht Aufforderungen aus der Position

des ‚Schon-Wissenden' an andere in der Position des ‚Noch-nicht . . .', sondern die Aufforderung des Gleichen unter Gleichen . . .

Das ist die Grundlage jeder persönlichen und gesellschaftlichen Veränderung, die weder Individualismus noch Kollektivismus als politische Basis ansieht, sondern Gemeinschaftlichkeit der einzelnen im Gemeinwesen und in der Welt." (Matzdorf & Cohn 1994)

Postulat – das ist keine normative Forderung eines höhergestellten Leiters oder Vorgesetzten, der, weil er mit Macht ausgestattet ist, sagen könnte „Sei so und nicht anders", der Verhaltensweisen oder Spielregeln vorgibt.

Postulat – das ist eine existentielle Tatsache, eine ethisch notwendige Aussage, die sich in sich selbst beweist und ohne deren Anerkennung die TZI sinnlos würde. Sie ist zugleich Herausforderung, die Wirkung des eigenen Handelns selbst zu überprüfen.

„Chairman" – dieser von Ruth Cohn am Anfang eingeführte Begriff – war im amerikanischen Gebrauch eindeutiger ausgedrückt: „Leading myself and others" hieß das Postulat in seiner ursprünglichen Fassung. Die andere Seite des Chairman-Postulats: „. . . and others" heißt in deutscher Übersetzung: „Sei der Vertreter aller persönlichen und thematischen Interessen in der Gruppe". Diesem Aspekt wenden wir uns im Leiterkapitel zu, welches die Praxisbeispiele einleitet. Heute hat dieses Postulat, das auffordert, freiheitlich und in Verantwortung mit sich selbst und anderen zu leben, verschiedene Variablen gefunden. Die ausführliche Aussage von Ruth Cohn am Anfang dieses Kapitels finden wir in Kurzform und besonders für die Anwendung in Gruppen bei anderen Autoren und TZI-Anwendern wieder:

H. Raguse (1987): „Sei Dein eigener Chairman, rede und schweige, wie Du willst. Suche aus dieser Sitzung zu gewinnen oder in sie hineinzulegen, was Du geben und empfangen möchtest."

Ruth Cohn (1975): „Sei Dein eigener Chairman. Befolge Deine eigene Tagesordnung in bezug auf unser Thema und was Dir sonst hier wichtig ist. Ich werde dasselbe tun."

Eine weitere Formulierung für das Chairman-Postulat finde ich bei Dietrich Stollberg (1982): „Verantwortung muß jeder für sich selbst tragen, keiner für den anderen, es sei denn für das, was er dem anderen tut."

Der Begriff Chairman als solcher ist ein wenig antiquiert. Es wurde vielfach versucht, ihn zu übersetzen: Manager, Dirigent, Kapitän, Leitperson. Sie alle treffen den Begriff nicht exakt und alle bleiben im maskulinen Genius. Vielleicht kommt der Begriff „Bildhauer seiner selbst" dem Chairman näher, als einer, der immer wieder neu an seiner Idee von sich, vom Miteinander und von der Welt arbeitet und meißelt.

Um von der maskulinen Form wegzukommen, wurde inzwischen Chairperson daraus, was aber nicht mehr dem emotionalen Slogan des „Chairman" entspricht, der dieser inzwischen zumindest für die Insider geworden ist. Ehe wir uns auf einen neuen deutschen Begriff einigen, möchte ich einmal den Wortteil „Person" herausgreifen und an seinen ursprünglichen Wortsinn erinnern: personare (lat.) = hindurchtönen.

Persona hingegen übersetzen wir landläufig mit Maske. Ich möchte dabei nicht an eine solche denken, hinter der sich jemand verbirgt, sondern an eine Maske, die hindurchtönen läßt, was das Wertbeschreibende, das Eigentliche dahinter ist, die Kräfte, von denen die Handlungen eines Menschen gesteuert werden. Aus diesem Gedanken entsteht das Postulat: Drücke Dich als Person aus, in dem durch Dein Gesicht und Dein Handeln Dein ethischer Hintergrund hindurchtönt. Nur dieses Ich-selber-Sein und aus mir heraus verantworten kann die Kraft freisetzen, mit der letztendlich Ideen und Werte vertreten und durchgesetzt werden.

Das Chairman-Postulat ist Ausdruck des Zutrauens in die Fähigkeit des Menschen, so er nicht hinter Gittern lebt oder krank ist, sich selbst zu leiten oder zu organisieren, mehr und mehr die Verantwortung für sich selbst und andere zu übernehmen. Es ist das Wissen um den Menschen, sich zu entwickeln und mitzuentwickeln, was um ihn herum Lebendigkeit schafft. Es ist Ermutigung und Zumutung zugleich. Es appelliert daran, Ambivalenzen in uns zu koordinieren und Prioritäten zu setzen.

2. Das zweifache Hinschauen

Mit dem Chairman-Postulat finden wir ein weiteres Mal im Modell der TZI den Balance-Gedanken, den wir bereits im Zusammenhang mit dem Ich-Wir-Themen-Dreieck kennen.

Hier wie da geht es darum, Gleichgewicht zu suchen, aus dem Gleichgewicht zu geraten, Gleichgewicht neu zu finden.

Im Dreieck suchen wir Balance zwischen Individualität (Ich), sozialem Gefüge (Wir), Sachaufgaben und Inhalten (Thema) bezogen auf das Umfeld.

Beim Chairman-Postulat geht es einmal um Balance finden zwischen den beiden Polen *Autonomie und Interdependenz*, wie es die Fachsprache der TZI nennt und die in einem ständig sich bewegenden Verhältnis zueinander stehen. Es geht darum, Gegenpole im Leben miteinander in Verbindung zu bringen.

Zum anderen geht es um das Ausbalancieren von kognitiven, emotionalen, sozialen und praktischen Fähigkeiten und Bedürfnissen des Menschen selbst. Sein eigener Chairman sein heißt, diese oft als Ambivalenz auftretenden Faktoren bei sich wahrzunehmen und auszuhalten, Schwerpunkte zu setzen und sich zu entscheiden. Das ist bewußtes Steuern zwischen den Polen von Autonomie und Interdependenz.

Selten geht es um Entscheidungen, die man für sich allein trifft, denn nahezu nie steht man in einer Windstille äußerer Einflüsse und Impulse. Immer gibt es ein Außen und ein Innen, immer gibt es ein Ich und ein Du, ein Ich und die anderen und die Sachen. Mit den sich rasch ändernden Verhältnissen muß eine ständige Umorientierung Schritt halten.

Das versetzt den Menschen in die Mühe des Abwägens. Wer oder was soll jetzt den Vorrang bekommen und wer oder was dann, und was will ich ausgrenzen? Es ist eine ständige Umorientierung, die aus Bewegung besteht.

Die Balance zwischen Autonomie und Interdependenz stellt sich in polarisierenden Kräftefeldern dar, von denen die Richtung unserer Lebensenergie, z. T. unbewußt, bestimmt wird. Das Pendeln zwischen diesen Polen und die jeweils adäquate Entscheidung zu treffen, ist ein wesentlicher Aspekt in der Praxis des Chairman-Postulats.

Diese sich gegenüberstehenden und sich gegenseitig bedingenden Kräftefelder begegnen uns im Alltag u. a. so:

Im persönlichen Bereich:	
Als individuelle Persönlichkeit dastehen, als solche wachsen und sich verwirklichen	In der Solidarität mit anderen stehen, gemeinsame Ziele anstreben und verwirklichen
Allein sein	mit anderen sein
Die eigenen Fähigkeiten und Eigenschaften so zu akzeptieren, wie sie sind.	Veränderung der Persönlichkeit und Wachstum zulassen
Dinge, Zustände und das Verhalten anderer Menschen so hinnehmen, wie es sich zeigt	Mitbestimmen, sich einmischen, für Veränderungen aktiv werden
Neues lernen wollen oder müssen	am Vertrauten beharren
In der Leitungsfunktion:	
Als Leiter dem Raum geben, was gerade im Raum ist, was sich in der Gruppe entwikkelt. Zulassen, warten, reifen lassen	In Prozesse aktiv eingreifen und sie mitgestalten, ggf. beschleunigen oder verzögern, Situationen „herstellen“
Teilnehmer oder Mitarbeiter mit Informationen, „Stoff“ füttern	Teilnehmer oder Mitarbeiter auf die Suche nach Informationen und Theorie schicken

Beide Seiten stellen die Realität dar und beide Seiten sind generell gleichwertig. In welche Richtung ich zuerst schaue, auf welcher Ebene ich zuerst handle, entscheidet die gezielte Planung oder die Spontaneität des Augenblicks. Ich entscheide intuitiv, „es“ entscheidet in mir, oder ich beuge mich äußerer oder innerer Realitäten. Diese Entscheidungen haben auch mit Persönlichkeitsstrukturen zu tun. Ein mehr introvertierter Mensch wird als Leiter einer Gruppe mehr Raum geben, länger warten mit einem weiteren Input, als jemand, der in extravertierter Weise gern und gut Prozesse in Gang setzt und gestaltet.

In Gruppen gibt es „Feuerwehrsituationen“, in denen nur eins denkbar ist. Niemand wird lange überlegen, ob er Erfahrungen machen lassen will oder ob er steuernd eingreift, wenn akute Gefahr besteht oder starke Betroffenheit herrscht. In den meisten Situationen kommt es aber auf ein längeres Pendeln an, ein Hin- und Hergehen zwischen den Polen, ehe ich mich entscheide und handle.

Pole auch Autonomie und Interdependenzen sind immer Endpunkte ein und derselben Achse, Endpunkte, die sich gegenseitig bedingen, die zu Gleichgewicht oder auch zu Ungleichgewicht führen, die den Menschen wechselseitig in Progression oder in Regression schicken.

Dem Abwägen zwischen den Polen Autonomie und Interdependenz sollte man, einem Seiltänzer gleich, ungeteilte Aufmerksamkeit schenken, will man sich nicht passiv hin und herziehen lassen und im Fremdentschiedensein sich selbst und dem andern schaden.

Wir sind nie völlig autonom und nie völlig abhängig mit dem, was wir tun und entscheiden. Freiheit findet immer da ihre eigentliche Voraussetzung und ihren Ausdruck, wo der Mensch die ihm gegebenen Spielräume verantwortlich nutzt.

3. „. . . und entscheide Dich dann!“

Gelegentlich wird das Postulat „Leite Dich selbst“ falsch verstanden oder mißgedeutet und als eine Freigabe egoistischer Tendenzen verstanden. Dieses ist verstärkt worden durch die Aussage „doing your own thing“, welche dem damaligen amerikanischen Trend zur Freiheit und Selbstbestimmung entsprach. In der Übersetzung hieß es dann mißverständlich: „Ich kümmere mich nur um meine eigenen Angelegenheiten". Dem ist Ruth Cohn in ihrem Aufsatz „Autismus oder Autonomie" entschieden entgegengetreten. Sie bezweifelt, daß das „Gestaltgebet"* von Fritz Perls, in welchem dieser Trend eine Fortsetzung fand, mit dem für ihn untypischen Satz endet: „Wenn wir uns durch Zufall finden – wunderbar. Wenn nicht, läßt sich's nicht ändern" (if not, it can't be helped). In der exakten Formulierung sollte es heißen: „Take care of yourself", dieses: „Sei um Dich selbst besorgt", welches zu Autonomie und nicht zu Autismus helfen soll, also zu einer Verantwortlichkeit füreinander, welche das Sich-finden nicht dem Zufall überläßt. Ruth Cohns Aussage für diesen letzten Satz lautet darum auch: „Und wenn wir uns nicht verstehen, so will ich entscheiden, was ich tue". Damit ist die Verantwortung für die Gemeinsamkeit bei jedem Beteiligten.

Um wirklich die eigene Chairperson in dieser Verantwortung zu sein, geht es immer um ein weiteres zweifaches Hinschauen, ehe Wünsche und Bedürfnisse in eine Handlung umgesetzt werden.

„Schau nach innen
schau nach außen
und entscheide Dich dann."

Dieser Satz meint dieses „Leite Dich selbst" in seiner Ganzheit. Es geht darum, das Zwiegespann Eigenständigkeit und Verbundenheit auszubalancieren. Wir sind immer beides gleichzeitig. Auch wenn das eine oder andere, je nach Situation, momentan dominierend ist, so gestalten wir doch generell aus beidem heraus unser Leben.

Schau nach innen

Autonomie, das ist der Blickwinkel, zu mir selbst, der Teil, der meine Eigenständigkeit ausmacht, der, nach dem ich mein Leben

---

* Der volle Wortlaut des Gestaltgebets ist:
„Ich tue das Meine, und du tust das Deine. Ich bin nicht auf der Welt, um deinen Erwartungen gemäß zu leben. Und du bist nicht auf der Welt, um meinen Erwartungen gemäß zu leben. Du bist du, und ich bin ich. Und wenn wir einander zufällig finden, ist das schön. Wenn nicht, läßt sich's nicht ändern."

gestalte und handle, in dem ich Herr oder Herrin meiner eigenen Gesetze bin.

Die anderen, die Lehrer, die Partner, die Vorgesetzten können nur Rahmenbedingungen schaffen und ihre Wünsche und Ansprüche in ähnlicher Eigenverantwortung daneben stellen. Für mich sorgen kann ich nur selbst. Auch ein hilfloses kleines Kind schluckt die ihm dargebotene Nahrung nur, wenn es will. Und es wird sich in aller Regel nicht selbst verhungern lassen.

Schau nach außen

Interdepedenz wird durch den Blick nach außen geschaffen, zu den anderen und zu den Dingen, in die Eingebundenheit menschlicher und sachlicher Abhängigkeit. Je mehr wir sie als Realität bejahen können und aus dieser Bejahung heraus unser Zusammenleben verantwortlich gestalten, um so befriedigender kann auch der einzelne seine Autonomie leben. Schon in kleinsten Gruppen erfordert dieses Gestalten eines Miteinanders ohne zu vereinnahmen volle Aufmerksamkeit. Wieviel mehr Zuwendung und Energie bedarf es erst, damit Völker und Rassen Gemeinschaft pflegen, wo es möglich ist, und individuell bleiben, wo es nötig ist.

Mit jeder neuen Beziehung, beruflich ebenso wie privat, mit neuen Aufgaben, gehen wir auch eine neue Interdependenz ein. Mit jeder neuen Interdependenz verändern wir uns selbst und den anderen. In jeder Beziehung entdecke ich einen neuen Teil von mir selbst und wecke im anderen Neues. Interdependenz – das ist der soziale Aspekt meines Handelns.

. . . und entscheide Dich dann!

Erst wenn ich beiden Blickwinkeln, dem nach außen zu den anderen und dem zu mir selbst hin, gleichen Stellenwert und Respekt gebe, kann ich verantwortlich entscheiden und handeln. Nur das zweifache Hinschauen verhindert einen Egoismus, der die anderen vergißt und einen Altruismus, der sich selbst vergißt. „Wir sind nicht allmächtig, wir sind nicht ohnmächtig, wir sind partiell mächtig in allen Entscheidungen und Gestaltungen unseres Lebens“, sagt Ruth

Cohn dazu. Dieses Verhalten engt nicht etwa ein, sondern verhindert vielmehr, daß ich Grenzen dorthin setze, wo sie (noch) nicht sind.

Selten wird nämlich der Raum zwischen den vermeintlichen Grenzen optimal ausgetestet und genutzt. Häufig gleicht ein Großteil dieses Raumes einer Art Niemandsland, in dem ich nie ausprobiert habe, ob und wann eigentlich die Hunde kläffen.

Neben dem Abwägen dieses Innen und Außen steht auch das Abwägen des Innen und Innen.

Die Anerkennung der psychobiologischen Einheit, von der das erste der Axiome spricht, ist auch hier wieder der Impulsgeber für unser Handeln als Chairman der eigenen inneren Anliegen. Es gilt auch hier ein Gleichgewicht zu finden, zwischen dem, was meine Gedanken mir sagen, was meine Gefühle mitteilen und dem, was mein Körper will. Daß dieses gelingt, ist nicht selbstverständlich. Leider stimmt die Aussage „Jeder kennt sich selbst am besten“ eben häufig nicht! Oft müssen wir schmerzlich erkennen, daß wir eher Dilettanten denn Experten sind, was die eigenen Wünsche, Träume, Bedürfnisse und vor allem auch Mängel angeht. Wir hören so wenig sorgfältig auf die Stimmen aus unserer „inneren kleinen Familie“, wie Novalis sie nennt. Aber nur diese innere Familie kennt alle Details meiner eigenen Geschichte. Sie hat manches Vergangene noch so schmerzlich gegenwärtig, daß sie mitreden will, wenn es um aktuelle Entscheidungen geht. Nur meine kleine Familie kennt auch meine Vision von meiner Zukunft. Alle inneren Stimmen reden mit, wenn es um künftige Wünsche, Hoffnungen, Befürchtungen geht. Ich selbst bin der einzige Mensch auf der Welt, der das wirklich erfühlen und spüren kann, der die Gedanken und die Fülle ihrer Gleichzeitigkeit wahrnimmt. So gesehen kann tatsächlich nur jeder selbst wirklich Experte für sich selbst sein, dabei hinhörend auf den Rat anderer.

„Leite Dich selbst“. Wer sonst sollte es wirklich für mich tun? Wer sonst sollte meine Wünsche erraten, meine Entscheidungen treffen, verantworten und durchsetzen? Wer sonst sollte für meine Nicht-Entscheidung gerade stehen und für diejenigen, die ich mehr aus dem Unbewußten treffe.

Von Freud haben wir zwar den Hinweis bekommen, man fände kein „Nein“, und dementsprechend auch kein „Ja“ aus dem Unbewußten. Wie dem auch sei, wir werden jedes Nein und jedes Ja, ob bewußt oder wenig reflektiert mit der Bewußtheit selbstverantworteter Entscheidung bestätigen müssen.

Es scheint ein hoher Preis zu sein, den selbstbestimmtes Handeln kostet. Ist es nicht viel einfacher, sich bestimmen und verwalten zu lassen? Die Verantwortung ist dann beim anderen und ich habe obendrein einen Sündenbock, auf den ich schimpfen kann. Meist aber merken wir erst spät – wie unsere eigene Geschichte uns lehrt, zu spät –, welchen hohen Preis solches Geschehenlassen fordert.

Um Chairman zu sein, haben wir nicht nur den Verstand zur Verfügung, wie es die Aufklärung des 18. Jahrhundert für sich in Anspruch nahm.

Aus der Zeit der Aufklärung im 18. Jahrhundert hält sich im deutschen Kultur- und Bildungswesen immer noch der Gedanke, die Vernunft mache das eigentliche Wesen des Menschen aus. Dies war lange der Wertmaßstab allen Denkens und Handelns. „Sapere aude" dieses „Wage es, weise zu sein" übersetzt Kant in seinem Aufsatz „Was ist Aufklärung?" (1784) so: „Habe den Mut, Dich Deines eigenen Verstandes zu bedienen". Das war zu seiner Zeit ein neuer Durchbruch und wurde zum Wahlspruch der Aufklärung.

Ohne diesen Verstandesbegriff als solchen in Frage zu stellen, spricht die TZI anders als im Kantschen Sinne dem Menschen eine umfassende Wertigkeit zu.

Sie ergänzt das „Bediene Dich Deines Verstandes" durch ein „Habe ebenso Mut, Dich Deiner Gefühle zu bedienen und sie den Verstandesaussagen zuzufügen. Nimm sie ebenso ernst wie diese und bemesse ihnen den gleichen Wert bei für Deine autonomen Entscheidungen."

Nicht nur fügt die humanistische Psychologie das Gefühl dem Verstand zu, sie geht auch davon aus, daß nicht die Entfaltung des Einzelnen vorrangig Aufgabe und Ziel bildender und kulturschaffender Bemühungen sein kann. Soziale Kompetenz muß gleichwertig neben geistiger und individueller Kompetenz stehen.

Die zunächst paradox erscheinende Ambivalenz von Freiheit und Bindung bildet den Rahmen für menschliche Entwicklung. Das Chairman-Postulat dient hierzu als Hilfe.

XI. Das zweite Postulat: „Störungen haben Vorrang!“

„Ich muß wohl zwei oder drei Raupen aushalten, wenn ich die Schmetterlinge kennenlernen will“, sagte die Blume zum kleinen Prinzen.
(ANTOINE DE SAINT-EXUPÉRY, DER KLEINE PRINZ)

1. Einleitung

Das zweite Postulat, zunächst in seinem Kurztext, „Störungen haben Vorrang“, hängt inhaltlich eng mit dem ersten zusammen. Es berücksichtigt die Wirklichkeit personaler Störungen und schafft Raum sowohl für ihre Wahrnehmung und ihre Botschaft als auch dafür, daß sie auf ein Mindestmaß reduziert werden können. Anstatt sie beiseite zu schieben, werden sie als ein unveräußerliches Recht jedes einzelnen angesehen und so behandelt.

Wie es zur grundlegenden Arbeitshypothese der TZI gehört, daß jeder Mensch und seine Sache wichtig ist, so gehört es auch dazu, daß seine Störungen und seine Leidenschaften wichtig sind.

Was wir mit „Störung“ eigentlich meinen, wie sie in Erscheinung treten und aus welchen Quellen sie sich speisen sowie ihre Bearbeitung soll uns in diesem Kapitel beschäftigen. Beginnen wir mit einer alltäglichen Praxiserfahrung zum Thema:

> Haben sie schon einmal mit einer Fliege im Zimmer ein Mittagsschläfchen gehalten? Entschuldigung, halten wollen. Oder mit einem Schmetterling? Eben bin ich eingenickt, da prallt der Brummer gegen die Scheibe, um im nächsten Moment die nächste Runde über meiner Nase zu drehen. Und das geht so weiter, bis ich ihn erwischt habe oder er mir zum Fenster hinaus entwischt ist. Dann erst gibt es Ruhe für das Schläfchen – halt –, wenn da nicht noch der Schmetterling säße. Ich könnte ihn ja einfach sitzen lassen, Geräusch macht er keins und auf der Nase kitzelt er auch nicht. Aber so ein schöner Falter, der

will doch lieber in die Sonne. Ist ja auch schnell gemacht, Fenster auf, vorsichtig auf den Finger – aber genau ansehen muß ich mir das kleine Kunstwerk der Flügel schnell noch – dann geht es ab.

10 Minuten sind inzwischen vergangen. Den Rest der Zeit kann ich schlafen, wenn nicht . . .

Fliege und Schmetterling, störendes Ärgernis oder faszinierende Ablenkung, beides hindert auf seine Art am eigentlichen Vorhaben, in unserem einfachen Beispiel am vorgenommenen Schlaf.

Das Grundmodell „Störung“ macht ebensowenig Halt vor guten persönlichen Beziehungen wie vor dem Eindringen in ernsthafte Gremiensitzungen oder in die hohe Politik.

Störung, dieses Wort weckt zunächst nur negative Assoziationen, wie eben diese vorher beschriebene Fliege. Der deutsche Begriff der Störung suggeriert eine negative Auslegung besonders. Etwas an sich Gutes ist gestört. Im TZI-System steht der Begriff Störung jedoch für alles, ob negativ oder positiv, was jemanden abhält, sich mit etwas zu beschäftigen oder am eigentlichen gemeinsamen Thema mitzumachen, obwohl er es eigentlich möchte. Das kann der verabredete Arbeitsinhalt sein, das Mitgestalten eines Gesprächs oder die unabgelenkte Teilnahme am Lerngeschehen. Darüber hinaus wird mit Störung all das ausgedrückt, was mich nicht uneingeschränkt bei mir selbst oder in einer Beziehung sein läßt. Es sind damit sowohl die negativ wie die positiv besetzten Ablenkungen gemeint: Zerstreutheit, Frustration dem Thema oder den Menschen gegenüber, körperliche Einschränkung, aber ebenso Heiterkeit und leidenschaftliche Gefühle, große Freude und eben jener Schmetterling. Auch äußere Anlässe, Lärm oder ungeeignete Räume stellen eine Störung dar. Sie alle binden Energie, die dann nicht mehr frei ist für das eigentlich verabredete Vorhaben.

Ursprünglich entstand dieses zweite Postulat einer Regel der Psychoanalyse „Widerstand vor Inhalt“ folgend und lautete im Originaltext *„disturbances and passionate involvements take precedence“*: (Störungen und Betroffenheiten haben Vorrang).

Störungen sind Botschaften, die uns sagen wollen, daß mit der Arbeit oder in der Beziehung etwas nicht stimmt. Eine Störung kann als eine Reaktion verstanden werden: Reaktion auf die Arbeit am Inhalt, Reaktion auf die Ziele, die vielleicht nicht alle mittragen können, Reaktionen auf tatsächliche oder vermeintliche Werte und Einstellungen, die zu Protest herausfordern. Nicht zuletzt sind Störungen auch Reaktionen auf den Prozeßverlauf einer Gruppe oder auf Ereignisse im Umfeld.

So gesehen stehen Störungen im engem Zusammenhang mit dem Gruppen- und mit dem Themenprozeß und sind Indikator dafür, daß Inhalt oder Vorgehensweise oder beides über die Anliegen der Teilnehmer hinwegzugehen drohen. Wird z. B. in sehr sachorientierten Arbeitssitzungen die psychosoziale Ebene zugunsten der Zielerreichung vernachlässigt, so können wir damit rechnen, daß sie in irgendeiner Weise auf sich aufmerksam macht und ihren Anteil am Prozeßgeschehen anmeldet. Wir werden sehen, wie die TZI die Störung aufgreift und die darin enthaltene Nachricht zum Ausgleich der Dreiecksbalance nutzt. Mit dem Störungspostulat werden Leiter (Lehrer, Vorgesetzte) und Teilnehmer (Schüler, Mitarbeiter) daran erinnert, daß gute Lern- und Arbeitsergebnisse nur zu erreichen sind, wenn Lehrende und Lernende unabgelenkt bei der Sache sein können.

Das Störungs-Postulat soll dazu anregen, den am Thema noch unbeteiligten Teil einer Person oder einer Gruppe ins Geschehen hineinzuholen und ihm seinen angemessenen Platz zu geben. Unterschwellig schwächen sonst diese abgespalteten oder inaktiven Teile das Ganze. Die Energie, die der Arbeit zur Verfügung stehen sollte, wird benötigt, um unberücksichtigte, aber wichtige Bedürfnisse im Auge zu behalten und wenn irgend möglich sie am Rande des eigentlichen Geschehens doch noch zu befriedigen.

Solche Mechanismen entstehen z. B.

- wenn das Tempo zu schnell oder zu langsam ist;
- wenn über die Konsequenz der gemeinsamen Arbeit nicht in Ruhe gesprochen werden kann;
- wenn kritische Fragen nicht gestellt werden dürfen oder nicht gehört werden;
- wenn in der Euphorie der guten Atmosphäre die eigentlichen Sachziele aus den Augen verloren werden.

Die Gruppe kann Störungen zwar ignorieren oder durch Abwehrmechanismen in Schach halten, wirksam sind sie trotzdem. Sie zu ignorieren ist wie fliegen wollen, ohne das Gesetz der Schwerkraft zu beachten.

Daher bietet die TZI mit diesem Postulat folgende Auslegung an:

> *„Unterbrich das Geschehen, das Gespräch, wenn Du nicht wirklich teilnehmen kannst, wenn Du gelangweilt, ärgerlich oder in einer anderen Form unkonzentriert und abgelenkt bist".*

Wenn dieses beachtet werden kann, so ist es für den einzelnen ein erster Schritt des eigenen Steuerns, mit dem er sich aus einer unbefriedigenden Situation erlösen kann. Wo soll das hinführen, mag manch einer denken, wenn er erstmals von dieser Praxis der Störungsbearbeitung hört. Gewiß, dieses Einbeziehen von Störungen als Signal für den brachliegenden Teil der Person oder der Gruppe ist in Arbeitsteams gewöhnlich nicht üblich. Man achtet darauf, auf dem schnellsten Wege zur Sache zu kommen und die Arbeit an Störungen schaut tatsächlich zunächst einmal zeitraubend und hinderlich aus. Allmählich erst wird erfahren und verstanden, daß die sogenannten Störungen erstaunlicherweise nicht nur Fakten zum Prozeß sondern auch Fakten zur Sache liefern. So wird ein Teil der eigentlichen Arbeit auf der Ebene der Störung vollzogen oder zumindest vorbereitet.

„TZI-Seminare rühren an viele Tabus", schreibt Ruth Cohn im Zusammenhang mit dem Störungspostulat. „Sie rühren an das Tabu, sich schwach und dumm zu fühlen; an das Tabu, daß man gerade nicht bei der Sache ist und das auch zugibt; an das Tabu, sexuelle und zärtliche Gefühle zu haben, auch ‚wo sie nicht hingehören'; an das Tabu zu weinen. Und Menschen erfahren dabei, daß die Erlaubnis, so zu sein, wie man ist, Leistungsdruck in Leistungsfreude wandelt und Konkurrenz in Kooperation – inklusive der Suche nach kreativen Lösungen, um Störungen, die durch Macht und Rivalitätsverhältnisse entstehen, anzugehen und auszutragen." (Cohn 1975)

„Störungen haben Vorrang", diese Aufforderung müssen wir korrekterweise umformulieren in den Hinweis „Störungen nehmen sich de facto den Vorrang", wollen wir damit wirklich der Praxis entsprechen. Auch wenn wir noch so souverän mit unserem Ärger, oder mit den Gedanken an ein schönes Treffen umgehen, die Energie ist dort und nicht hier gefesselt, ja, sie wird es zunehmend mehr sein, je energischer wir sie dort wegholen wollen. Für eine kleine Wegstrecke mag sich die Energie noch aufteilen in das offizielle Themeninteresse und die inoffiziellen Störattacken, dann aber wird das letztere siegen. Die Aufmerksamkeit wird sich den Störungssignalen zuwenden und ein Ventil für sie finden. Das Hungergefühl, die aufkeimende Wut, der schöne Gedanke an morgen, gewinnen die Oberhand und setzen sich in der Tat wie eine Fliege auf unsere Nase. Offizielles Interesse und Störung sind nicht mehr nebeneinander zu bewältigen, das eine hat das andere abgelöst.

Störungen, die von einzelnen ausgesprochen werden, hängen in vielen Fällen mit Problemen zusammen, die auch andere empfinden, ohne für sie schon Worte gefunden zu haben und einer hilft damit dem Unbehagen vieler ans Licht. Einer ist zumindest für einen Teil der Gruppe ihr Mund.

Das Nichtbeachten von Störungen hat oft schwerwiegende Folgen und führt im schlimmsten Fall zu Explosionen am ungeeigneten Ort zu ungeeigneter Zeit, abgesehen davon, daß es Menschen demotiviert und krank macht.

2. Quellen der Störung

Eine der wichtigsten Quellen für Störungen ist die Übertragung.

In Arbeits- und Lerngruppen ist es nicht anders als im sonstigen Leben: wo Menschen etwas miteinander zu tun haben, ist die Begegnung, besonders am Anfang, von Antipathie und Sympathie geprägt. Sie sind die Quelle einer Störung, die sich dann in den sogenannten Übertragungen äußert, in störenden Botschaften von mir zu dir.

Nicht nur in den hier erwähnten unfreiwilligen, auch in frei gewählten Situationen treffen Menschen auf Menschen, die sie in irgendeiner Weise an Personen erinnern, die ihnen in gutem wie in negativem Sinn aus früheren Zeiten in irgendeiner Weise bekannt vorkommen: Eltern, Lehrer, Nachbarn, Chefs. Diese Erinnerungen werden ausgelöst durch Ähnlichkeit in Gestik und Sprache, in beruflicher Position und in vermeintlichen ähnlichen Ansichten. Wir erleben im anderen die frühere Person, von der wir uns schon immer abgelehnt fühlten, mit der wir noch eine Auseinandersetzung ausstehen haben, wir sind mit unserer momentanen Aufmerksamkeit gefangen in alten Situationen. Nicht nur negative Erinnerungen, auch positive Übertragungen stören die offene Zuwendung zu anderen Menschen und zur Aufgabe.

Eine Übertragung ist immer ein „Irrtum in Zeit, Ort und Person". Es ist eine „unkorrigierte Neuauflage eines einmal erlebten Geschehens".

Wir leiten aus der Übertragung bestimmte Verhaltenserwartungen ab. Unser Gegenüber „soll" oder „wird" sich so verhalten, wie Vater, Lehrer oder großer Bruder es taten. Auch das ist eine Quelle für Störungen, da ja eben in den meisten Fällen die Übertragung nicht mit der Realität übereinstimmt. Auch Chefs oder Leiter selbst lösen unvermeidlich Störungen durch Übertragungen aus, vor allem wenn sie Personen gleichen, deren Autorität Teilnehmer oder Mitarbeiter früher erlebt haben. Es knüpfen sich positive und negative Erwartungen an seine Person, die er meist enttäuschen muß, weil er ein anderer ist. Wenn er nicht durch klare Auskünfte und durch Konsequenz im Verhalten die Verwechslung richtig stellt, wird sie ein Dauerstörfaktor werden. Natürlich können auch Gruppenleiter und Chefs ihrerseits dem Übertragungsirrtum aufsitzen. Dann laufen sie Gefahr, selbst die Störung zu sein.

Es liegt nahe, im Zusammenhang mit Übertragungen auch die Angst als Auslöser von Störungen anzusehen.

Angst – das ist eine der tiefgreifendsten und intensivsten Anlässe für Störungen. Die Angst vor den eigenen Emotionen programmiert eine persönliche Störung vor und zieht meist Störungen im interaktionellen Bereich nach sich. Die Angst vor Emotionen der anderen stört ebenso die Konzentration.

Wer hält sich nicht lieber zurück, als sich einem Angriff auszusetzen und sei es auch nur ein phantasierter. Die volle Konzentration auf die Sache und auf die Situation ist dann nicht mehr gegeben. Die Störungsursache „Angst" hat die Regie übernommen.

Der Katalog der Ängste, die Ursache für Störungen sind, könnte weitergeführt werden. Oft ist nur ein Symptom als Störung sichtbar, nicht aber der wirklich angstbesetzte Grund, für den das Symptom steht. Es ist schon im therapeutischen Feld schwierig und langwierig, diese Ängste aufzuspüren, die sich meist als Widerstand – gegen angstbesetztes – Erinnern tarnen. In der Therapie sind sie Hauptgegenstand der Arbeit und nehmen breiten Raum ein. Der Therapeut hat das theoretische Konzept des Angstaufbaus und der Angstminderung in seinem beruflichen Handswerkszeug und hat gelernt, seine Patienten durch den Dschungel dieser Ängste zu geleiten. Wieviel schwerer ist es jedoch für Teamleiter, Lehrer oder

Fortbilder, diese Art angstbesetzter Störungen zunächst einmal als solche zu erkennen, sie dann nicht beiseite zu schieben, sondern sie anzuerkennen und ihnen so viel Raum und Aufmerksamkeit zu schenken, wie es für den Gestörten nötig ist, um an dieser eben laufenden Arbeit wieder konzentriert mitarbeiten zu können.

Störungen, die in Arbeits- oder Lerngruppen aufkommen, sollten nur soweit Bearbeitung finden, wie sie bei dem oder den Gestörten den momentanen Fortgang der gemeinsamen Arbeit und die Teilnahme daran verhindern. Hier ist nicht der Ort für therapeutische Arbeit, und Teilnehmer sollten nicht wegen einer momentanen Störung gleich zum Patienten gemacht werden.

3. Der Körper als Störungsträger

Nicht gerade die Quelle, aber der Träger von Störung ist häufig der Körper. Er drückt dann aus, was Worte nicht mehr formulieren können. In sich verstärkenden Ausdrucksformen von Krankheit signalisiert der Körper im Auftrag seiner Seele eine Störung. Je länger er es tun muß, je später er gehört und verstanden wird, um so schwieriger ist die Nachricht zu entschlüsseln.

Kopfschmerzen lassen sich relativ leicht als Wunsch nach besserer Luft, nach einer Pause, nach weniger theoretischen Konferenzen und mehr Entspannung entschlüsseln, aber wer will schon wissen, zu welchen „eigentlichen" Störungen die Magenschmerzen gehören, die Wadenkrämpfe oder das holpernde Herz. Vielleicht gehören sie wirklich zu einem reichlichen Essen, zu einem unbequemen Stuhl oder zu einer freudig-aufgeregten Erwartung. Vielleicht aber auch beinhaltet die Reaktion eine noch unbekannte Nachricht der Seele.

Generell, und nicht nur in TZI-Situationen, darf gelten, daß tabuisierte Störungen konvertierte Gefühls- und Ausdrucksphänomene fördern.

Es sind nicht so sehr die gestörten oder die störenden Gedanken, die ihren Ausdruck im Körper suchen. Sie lassen sich für eine Zeitlang an die Seite stellen, bis sie sich zu einem „passenden" Moment doch noch mit Worten Luft machen. Es sind in erster Linie die gestörten Gefühle, die sich durch körperliche Reaktionen Gehör verschaffen. Nicht wenige davon haben als chronische Krankheit für lange oder immer den Körper besetzt, längst abgelöst von der ursprünglichen Störung.

Die Hilfsregel, die auf die Beachtung der Körpersprache hinweist, macht uns ein Angebot, auf Störungen aus diesem Bereich zu achten. Der körperliche Ausdruck der Störung meldet sich nicht überall oder irgendwo. Er hat seine bestimmten Stellen.

Wir sprechen von der Achillesferse und erinnern uns an Achilles, der unverwundbar geworden war, bis auf eben eine Stelle an der Ferse, die nicht von der schützenden Hornhaut überzogen wurde. Ausgerechnet dort, an dieser Stelle traf ihn der tödliche Pfeil des Paris. Meine Achillesferse, das ist die Stelle an meinem Körper, die mir als erstes eine Störung durch einen Schmerz signalisiert. Kenne ich sie eigentlich, und nutze ich ihre Schmerzen als Signal, das mir wichtige Nachricht gibt? Und welche Person in der Gruppe ist die Ferse, die aufmerksam macht auf eine Nachricht an Inhalt, Prozeß oder Umfeld?

Das ist der körperbezogene Aspekt der Störung. Er läßt sich ebensowenig zurückstellen, wie es die Gefühle tun.

Können Gefühle nicht spontan Ausdruck finden und auch über Körpersprache keine Entlastung erfahren, so verlieren sie rasch ihre aktuelle Lebendigkeit und können später im wahrsten Sinne des Wortes nur noch zur Sprache gebracht werden. Als spürbarer Ausdruck des Gefühls haben sie bald an Intensität verloren. Ob ich Freude oder Wut in der momentanen Situation empfinde und sie – in welcher Form auch immer – aus mir herauslasse oder ob ich über ein nur noch schwach spürbares Gefühl spreche, macht den Unterschied aus.

Nicht immer muß der Körper erst Anwalt für die Störung werden, aber auch Menschen, die längst eingeübt sind im Aussprechen persönlicher Voten, stellen die Aussage „Ich habe eine Störung“ häufig lange zurück. Sprechen sie es dann aus, so finden aktueller Anlaß und Inhalt des Gestörtseins keinen Zusammenschluß mehr.

4. Störungen – Lauffeuer durchs Dreieck

Es kann hier und später nicht die Frage sein, ob Störungen generell zu vermeiden sind. Sie sind es nicht! Das ist die Realität. Es kann auch nicht die Frage sein, ob, wann und wo sie sinnvoll seien. Störungen sind, was sie sind: Blockaden und zugleich Botschaften dafür, daß an Prozeß und Inhalt nicht alle mit gleicher Aufmerksamkeit teilnehmen können und ein unberücksichtigter Aspekt im Geschehen aufgegriffen werden sollte. Die Anlässe zu Störungen im TZI-Sinn können wir uns mit Hilfe des nun schon bekannten Dreiecks verdeutlichen:

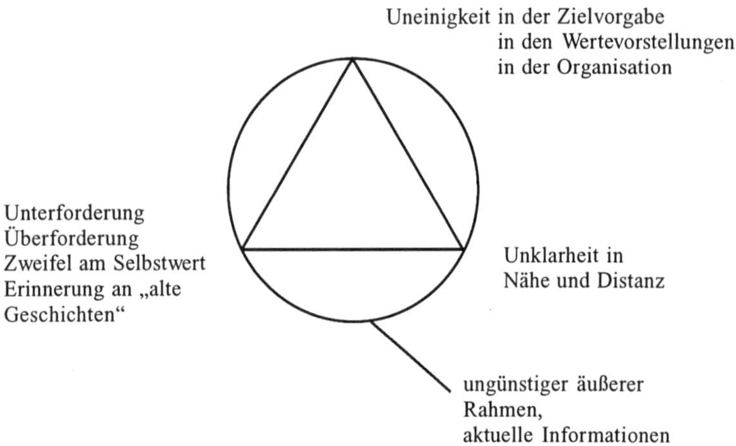

Abb. 15 Störungsquellen

In der Sprache der TZI ausgedrückt und auf das Dreieck bezogen unterscheiden wir

- Ich-Störungen;
- Wir-Störungen;
- Themen-Störungen und
- Globe-Störungen.

Störungen können an allen Ausläufern des Dreiecks und im Globe ihren Ursprung und Ausgangspunkt haben. So können wir von personenbezogenen, individuellen, prozeßbezogenen, interaktionellen und im Umfeld bedingten Ursachen für Störungen ausgehen, was immer nur heißen kann, daß sie dort ihren Ursprung nehmen. Als weiteres kann die Struktur Quelle der Störung sein. Zu viele Teilnehmer können ebenso störend wirken wie zu wenige. Zu diesen Quellen der Störung gehört auch alles, was mit Raum, Zeit, Material und Informationsfluß zu tun hat.

Von einem dieser Eckpunkte kommt die erste Nachricht des Gestörtseins und nicht immer bleibt sie auf diesen Punkt beschränkt. Ist die erste Nachricht, nehmen wir mal an, aus der Ich-Ecke kommend, Ausdruck einer weitreichenden Störung, so nimmt sie schnell ihren Weg durchs Dreieck. Wie auf einer Zündschnur zündelt die Störung relativ schnell weiter, steckt andere Menschen an, sucht Verbündete in der Gruppe, die Zündstoff ins Störfeuer gießen.

So gesehen sind auch Störungen im Thema oder in der Kommunikation meist Bestandteil und Ausdruck des Gesamtprozesses. Sie finden ihr Futter in einer schlecht gesteuerten oder unbeachtet gelassenen Dreiecksbalance ebenso wie in ungeeignet formulierten Themen. Sie können in zu großer Direktheit oder in Uneindeutigkeit liegen, sie können zu hohe oder zu niedrige Ansprüche an die Teilnehmer stellen oder einfach inaktuell sein.

Sie werden im kommunikativen Bereich durch die Übertragung, von der wir sprachen, durch Antipathie, die meist mit Fremdheit, dem anderen gegenüber zu tun hat, und durch Sympathie, die denken läßt, wir wären doch alle gleich Vorstellungen entstehen läßt. Beides stört in gleicher Weise die Kommunikation, solange es nicht aufgedeckt, angesprochen und in den Prozeß integriert wurde.

Ich-Störungen können dagegen auch aus Quellen stammen, die nur mit der Person selbst zu tun haben. Eine solche Ich-Störung kann entstehen, indem im Laufe des Arbeitsprozesses eine alte psychische Wunde angestoßen wird. Es muß von der Situation und von der Gruppe abhängen, ob es zunächst genügt, die Störung auszusprechen und ihr damit im aktuellen Geschehen wenigstens einen Platz zu geben oder ob sie einer zusätzlichen Zeit der Bearbeitung bedarf oder ob sie gar akut zum Thema gemacht werden muß.

Jede individuelle Störungsbearbeitung bewirkt eine Ich-Lastigkeit in der Ausgewogenheit der Dreiecksstruktur, die später zum Wir und zum Thema ausbalanciert werden müßte.

Weitergehende Tiefenstörungen einzelner, die nicht durch diese methodischen Interventionen aufgefangen werden können, bedürfen therapeutischer Aufarbeitung, die auch im Rahmen von TZI nur von therapeutisch vorgebildeten Leitern und selten während des Arbeitsprozesses geleistet werden kann. Ich-Störungen einzelner müssen nicht zwangsläufig mit dem Arbeitsprozeß zu tun haben, sie haben ihre Quellen in einer Vielzahl von außen kommender Anlässe: der Krach am Frühstückstisch, der unverhoffte freudige Anruf in der Pause, eine Nachricht in der Post können ebenso Anlaß für Stimulierung oder für störende Verstimmung sein.

Über die Störungen, die im Globe ihre Quelle haben, soll hier eine Praxiserfahrung berichten:

> Unlängst, an einem Montagmorgen, begann ein Seminar zum Thema „Wie Deine Mutter! Auseinandersetzung von Müttern und Töchtern“ in der damals gerade politisch umstrukturierten DDR. Am Tage vorher hatte die erste freie Wahl stattgefunden. Wir waren uns dieses Ereignisses und seiner Ausstrahlung sehr wohl bewußt und hatten ein entsprechend offenes Einstiegsthema gewählt:
>
> „Aus welchem Anlaß habe ich mich angemeldet und was ist heute und jetzt, wo ich hier bin, mein aktuelles Thema?“.
>
> Trotzdem waren wir erstaunt, wie unterschiedlich das Thema angenommen wurde. Einige machten sich sofort Luft in ihrem Ärger über den Ausgang der Wahl, andere schwiegen, wieder andere begannen ohne zu zögern ihr Anliegen am Kursthema zu schildern. Der Globe hatte die Gruppe in vielfacher Weise im Griff. Diejenigen, die über den Wahlausgang schimpften, hatten den Globe am unmittelbarsten im Blickpunkt. Die Schweiger waren auf ihre Art noch bei der Wahl. Betroffen darüber, daß sie, aus der Sicht der Mehrheit hier, die „falsche“ Partei gewählt hatten, waren sie auf einen offenen Dialog nicht vorbereitet und nach 40 Jahren Diktatur auch nicht eingeübt. Das spontane Thema aus dem Globe, als Störung erlebt, ängstigte.
>
> Nach relativ kurzer Zeit machte eine Frau ihrem Unmut über das „auswärtige“ Thema Luft: „Ich will zum angesagten Thema. Von Politik habe ich genug“. War es Widerstand, war es Erleichterung? Die einen konnten ihr politisches Interesse in die Pause verlegen, Zeitungen waren sichergestellt und die Schweiger waren froh, daß sie durch dieses Votum aus ihrer peinlichen Lage des Diskutierenmüssens erlöst wurden. Eine Störung aus dem Umfeld wurde durch eine persönliche

Störung abgelöst und diese führte zum eigentlichen Thema. Es ist für mich immer wieder faszinierend, wie sich die Gruppe selbst den Weg aus ihren Störungen sucht, gebe ich nur den Raum dazu und ein passendes Einstiegsthema.

Bis jetzt sind die positiven Anlässe von Störungen ein wenig zu kurz gekommen. Ich möchte sie mit einem Beispiel ergänzen:

Diesmal war die Störung – man sollte es nicht glauben – ein Baby, wenige Wochen alt und wohl verwahrt in einem Kinderwagen. Eine Gruppe von Sozialarbeiterinnen und Erziehern hatte mich zur Supervision eingeladen. Sie seien eine nette Gruppe und verständen sich alle gut, so daß es kaum Mißverständnisse gäbe. Supervision der Arbeit sei eben nötig. Und daran wollten sie auch ernsthaft arbeiten. Aber da war das Baby. Immer wenn Vater oder Mutter am Klärungsprozeß aktiv beteiligt waren oder wenn es bei anderen heikel wurde, quengelte es. Nicht besonders nachhaltig, aber doch gerade so, daß jemand aufstand und sich um das Baby kümmerte.

Wir haben die vorbereiteten Themen an diesem Abend nicht mehr geschafft, aber ich erfuhr, wie sehr sich nicht nur die Eltern, sondern die ganze Gruppe gerade auf dieses Baby gefreut hatten. Die Störung hieß Johanna und ihr Wohlergehen hatte Vorrang vor allen Themen und eventuellen Auseinandersetzungen.

Dieses Praxisbeispiel ist schon ein erster Hinweis darauf, wie Störungen aufgearbeitet werden können, bzw. sich selbst aufarbeiten.

Es ist in den üblichen Arbeits- und Lernabläufen weit verbreitet, Hindernisse im Weg, seien sie persönlicher, fachlicher oder technischer Art, zu bagatellisieren oder mit so lapidaren Sätzen wie „Der war schon immer etwas kompliziert“ oder „Bleiben wir doch bei der Sache“ abzutun.

Angesichts der Tatsache, daß Störungen als Botschaften zu Prozeß, Inhalt und Leitung zu verstehen sind, will die TZI mit diesen Phänomenen anders als gewöhnlich umgehen. Analog einem der analytischen Therapiegrundsätze „Widerstand vor Inhalt“ hält die TZI nur dann lebendiges, beteiligtes Arbeiten und Lernen für möglich, wenn sich niemand gespalten fühlen muß, indem er einen wesentlichen Teil seiner Gedanken und Gefühle unterdrücken muß.

Es mag sich banal anhören, wie manches in der TZI, aber schon das Aussprechendürfen einer Störung hat nachhaltige konzentrierende Wirkung. Es macht den gravierenden Unterschied aus, ob ich und andere, ob wir, das, was uns betrifft und gefangen nimmt, ignorieren, bagatellisieren, auf andere Ebenen verschieben müssen, oder ob eine Atmosphäre herrscht, in der die Aufforderung greift: „Sag einfach, was ist!". Das heißt, die Wirklichkeit von Menschen und von Gruppen zu akzeptieren, wie sie ist.

Um das Störungspotential möglichst niedrig zu halten, legt die TZI in ihrer Planung und Durchführung von Gruppen besonderen Wert auf die Anfangsphase. Nicht umsonst heißt es „Der Anfang ist die Hälfte vom ganzen". Anfangseinheiten einer neuen Gruppe stehen erfahrungsgemäß mehr und minder stark im Schatten von Unsicherheit und Angst. In solch einer Atmosphäre hat eine Störungsbearbeitung noch keine Chance. Die Gruppe braucht zunächst noch eine feste und doch offene Struktur des Ankommens als Angebot gegen Angst und Unsicherheit.

Ankommen in einer neuen Gruppe, in einem noch fremden Team, braucht Zeit und ist sachlich und emotional anstrengend. Äußere Dinge sind zu regeln und verlangen volle Aufmerksamkeit. Gleichzeitig „stört" schon die Angst vor schwierigen Themen und die Angst vor fremden Menschen und deren vermeintlichen Ansprüchen. In den ersten Minuten aber werden Weichen gestellt dafür, ob neben dem äußeren Ankommen auch ein inneres Ankommen möglich sein wird. Mit dem inneren Ankommen steht und fällt der Start ins lebendige Arbeiten und Lernen. Die Beteiligten bringen eventuell auch unerledigte Dinge von zu Hause, von denen sie sich noch nicht trennen können, als anfängliches Störungspotential mit.

Erst das Ausgestalten einer akzeptierenden Atmosphäre am Anfang schafft Voraussetzung dafür, daß später mit Kritik und Auseinandersetzung konstruktiv, d. h. für alle als Lernprozeß hilfreich umgegangen werden kann. Generell gehen wir in TZI-Gruppen anfänglich möglichst sparsam mit Kritik und Wertung um und schaffen uns damit eine tragfähige Grundlage für notwendige Auseinandersetzungen bzw. Störungsarbeit. Außer dieser weitgehenden Akzeptanz sind es die Hilfsregeln, auf die wir an anderer Stelle eingehen, die den Vertrauenssockel weiter ausbauen helfen. Der Leiter hat natürlich entscheidenen Einfluß darauf, ob eine akzeptierende Atmosphäre entsteht und beibehalten wird. Er ist hier die Orientierung für Umgang und Offenheit. Welche Hilfen ihm dabei zur Verfügung stehen, haben wir im Leitungskapitel ausführlich beschrieben. Der Leiter ist nicht neutraler Moderator, ihm bleibt es im weiteren Verlauf auch im wesentlichen überlassen, mit den Störungen im Arbeitsprozeß konstruktiv umzugehen und solche Konfliktlösungsmodelle anzubieten, bei denen möglichst niemand Verlierer sein muß.

5. Ansätze zur Bearbeitung

Auch wenn wir darauf achten, die Störungsquellen zu mindern und durch geschickte Planung und Leitung eine Struktur zu schaffen, die Störungen niedrig hält, werden wir immer wieder mit einer Störungsbearbeitung konfrontiert werden. Absolut störungsfreie Kommunikation ist ebenso eine Illusion wie die Angst, jede Störung sprenge die Beziehung oder den Prozeß. Wie wir gesehen haben, ist eher das Umgekehrte der Fall: Das Einbeziehen der Störung fördert meist Thema und Prozeß. Es muß von der Situation, von der Art der Gruppe und natürlich von der Störung selbst abhängen, in welcher Form, wann und in welchem Umfang sie bearbeitet werden soll. Je existentieller jemand betroffen ist, um so tiefer gerät er unter Umständen in eine emotionale Krise. Trotzdem sollten wir zunächst davon ausgehen, Störungen nur soweit zu bearbeiten, daß der Gestörte am verabredeten Thema für die verabredete Zeit wieder teilnehmen kann. Dies ist zwar eine eingrenzende Vorgabe, aber es geht auch zunächst nur um die Arbeitsfähigkeit für den nächsten Schritt. Diese eingrenzende Vorgabe hat noch eine weitere nützliche Konsequenz: Sie hindert daran, in einer herbeigesuchten Störungsflut zu ertrinken, in solchen Störungen, die uns gelegentlich Schüler oder unmovitivierte Fortbildungsteilnehmer bescheren und die nahezu nichts mit der momentanen Situation zu tun haben, sondern einer generellen Demotivation zuzuordnen sind.

Um diese Arbeitsfähigkeit zu erreichen, können wir uns generell von einer Strategie leiten lassen, die ich die Hierarchie der Störung nennen möchte. Dieses Denken geht davon aus, daß Störungen eigenen hierarchischen Gesetzen unterliegen. Nicht alle Störungen sind in ihrer existentiellen Art gleich, und es ist in der Regel leichter, technische Störungen zu beheben als persönliche. Je individueller ich mich getroffen fühle, um so eher gerate ich in eine emotionale Krise, aus der ich mir selbst nur schwer heraushelfen kann.

Die Störungsebenen lassen sich in einem, hier abgebildeten, Modell in ihren Schwierigkeitsgrad einordnen und es scheint sinnvoll zu sein, sie der Reihe nach anzugehen.

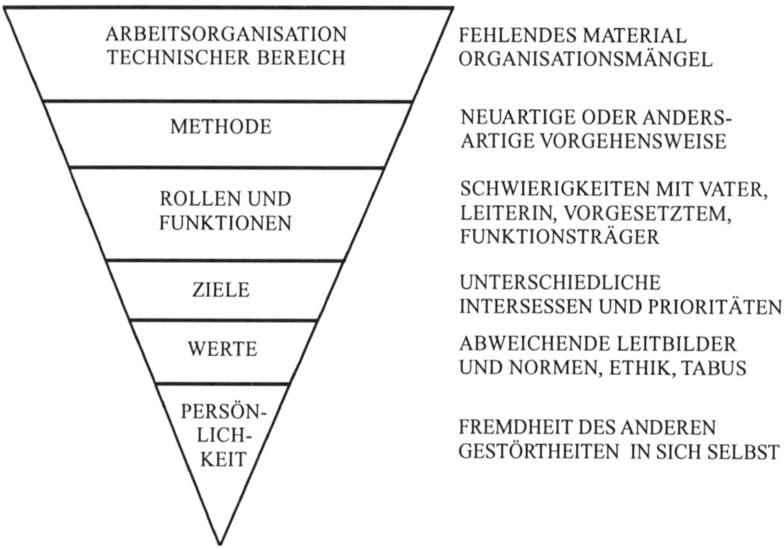

Abb. 16 Hierarchie der Störungen

Häufig treffen wir die Störungsursache schon auf der Organisationsebene an. Da hat jemand kein Schreibgerät mit und möchte gern Notizen machen. Eine Gelegenheit, es zu holen oder ein einstweilig geliehener Stift beheben die Störung. Solche im Grunde unerheblichen Störungen begleiten uns täglich und benötigen keine fremd Hilfe. Geben wir aber keine Gelegenheit, das Nötige zu besorgen,so wird das Unerhebliche leicht zum Erheblichen und der Gedanke: „Wenn ich doch nur schreiben könnte (. . . eine kleine Pause hätte, einen Kaffee bekäme)“ lenkt immer mehr vom Zuhören ab und wandelt die technische Störung in eine persönliche Verstörtheit oder in einen Leiter- oder Methodenkonflikt: „Wieso gibt es hier kein Schreibzeug, keinen Kaffee?“

Auch bei persönlichen Störungen ist es manchmal schon mit einem hilfreichen Darumwissen getan: „Ich bin extrem müde heute, rechnet nicht wie sonst mit mir“; „Das Examen morgen läßt mich schon gar nicht mehr aufmerksam sein“. Schon das Aussprechen dürfen schafft Entlastung. Auch eine Verstörtheit, die im Moment noch nicht konkret formulierbar ist, soll ruhig in Worte fassen, was schon formulierbar ist. Sie wird sich, da können wir fast sicher sein, im Formulieren klären.

So hat jede Störung zunächst einmal ihren Platz im aktuellen Geschehen!

Bei tiefergehenden Störungen einzelner, die nicht durch eine zuhörende Intervention aufzufangen sind, muß entschieden werden, ob der Themenprozeß unterbrochen wird und die Störungsbearbeitung den Vorrang bekommt. Im anderen Fall wird ein Zeitpunkt verabredet, zu dem die Störung dann das Mittelpunktthema sein kann. So wird das augenblickliche Vorhaben nicht wesentlich unterbrochen und jeder weiß, wann „es“ dran ist. Diese zweite Lösung ist immer dann sinnvoll, wenn es sich nicht um eine ganz aktuelle Sache handelt, und wenn – zumindest beim ersten Hinschauen – nicht alle beteiligt sind.

In seltenen Fällen erleben wir Menschen, die sich auf nichts anderes konzentrieren können, als auf ihre Störung. Meist handelt es sich dabei um Probleme, die sie schon lange haben. In diesem Fall ist das Mitmachen in der Gruppe nur dann noch sinnvoll, wenn der Inhalt des Problems zufällig mit dem Thema der Gruppe zusammenfällt. In anderen Fällen ist eine Teilnahme des Gestörten nicht mehr sinnvoll. Hier gilt der Grundsatz: „Die gegenwärtigen Gegebenheiten haben den Vorrang“.

Natürlich bewirkt jede individuelle Störung und jede Kommunikationsstörung eine Ich- oder Wir-Lastigkeit des Prozesses, die nachher entsprechend ausbalanciert werden müßte. Nur in wenigen Fällen verhindert eine Störung jede weitere Zusammenarbeit.

Noch um ein erhebliches schwieriger sind verständlicherweise die Störungen, die aus unterschiedlichen Zielvorstellungen entstehen, und in denen sich der eine ständig wegen der Prioritäten, die der andere setzt, gestört fühlt. Da kommen dann auch schnell voneinander abweichende Überzeugungen, Normen und Leitbilder ins Spiel, bei denen es nicht mehr darum geht, der Meinung des einen oder anderen zwar nicht zuzustimmen, sie aber dennoch zu akzeptieren. Hier hat die Störung eine Tiefe erreicht, in der Kampf, wirkliche Auseinandersetzung und im Extremfall Trennung ansteht. Hier geht es um die Tiefendimension von gestörten Lebensgrundsätzen, die immer die persönliche Dimension betreffen und von Beziehungsstörungen geprägt sind.

Eine besondere Stellung in der Hierarchie der Störungen nehmen solche ein, die meist unvorhergesehen aus dem Globe ins Geschehen eindringen. Es ist ein ablenkendes Ereignis vor dem Fenster, eine Nachricht im Fernsehen oder eben jene Wahl, von der wir im Seminarbericht aus der DDR gehört haben. Diese Störung nicht zu beachten hieße, die Realität in besonderer Weise zu verleugnen.

Die Qualität aller Störungsbearbeitung hat mit der damit zur Verfügung stehenden Zeit zu tun. Wollen wir die abgespaltenen Persönlichkeitsanteile einzelner oder die gestörten Personen der Gruppe wirklich integrieren, so dürfen wir uns nicht unter Zeitdruck setzen. In aller Regel wird das verzögerte inhaltliche Pensum leicht wieder aufgeholt, sind erst einmal alle dabei. Keine Zeit haben für Störungen, kann auch heißen, der Störung keine Wichtigkeit zumessen. Niemand scheint richtig daran interessiert, nicht einmal der Gestörte selbst!

Aus dem Blickwinkel der Ganzheit betrachten wir die Störung immer als Ausdruck des Auseinanderfallens dieser Ganzheit und messen ihr in ihrer Hinweisfunktion auf das Auseinanderfallen einen hohen Stellenwert zu. So verliert die Störung ihren Schrekken. Sie gilt nur so lange als eine solche, als sie noch nicht im Gesamtzusammenhang des Geschehens verstanden werden kann. Sie hat Symbolkraft und ist nicht mehr und nicht weniger als eine der vielen Formen, in denen sich Menschen, Prozesse und Themen darstellen.

XII. Hilfsregeln – Förderer lebendiger Kommunikation

„Sprich per ich anstatt per man, oder per wir."
„Achte auf Deine Körpersprache."
„Stell möglichst wenige Fragen, es sei denn,
Du erläuterst ihren Hintergrund."
„Vermeide Interpretationen."

1. Allgemeine Überlegungen

So beginnen die wichtigsten Hilfsregeln der TZI, denen wir uns jetzt zuwenden wollen.

Ruth Cohn ist zunächst von neun solcher Regeln ausgegangen, die sie situationsgemäß erweiterte oder verminderte. Jede Gruppe wird die für sie wichtigen Regeln einführen und jeweils solche hinzufügen, die für die Situationen erforderlich scheinen. Hier sind deshalb nur diejenigen Regeln zusammengestellt, die in nahezu allen Situationen die Kommunikation und das Verständnis für Personen und inhaltliche Arbeit und für die Zusammenhänge fördern.

Regeln, auch solche, die offensichtlich Hilfe anbieten, geraten leicht in Mißkredit und werden mit ihrem eigentlichen Auftrag nicht akzeptiert. Reglementiert wurden wir oft genug! Wer will sich schon maßregeln lassen! „Wenn Du die Regeln nicht einhältst!", damit haben wir schon als Kind Erfahrungen gemacht und nicht immer gute.

TZI-Regeln sind Hilfsangebote zu direkter und offener Kommunikation. Leitlinien, nicht Kampfinstrumente. Sie sollen im Umgang mit sich selbst und anderen zu mehr selbstverantworteten Aussagen führen und das Versteckspiel indirekter und verschlüsselter Kommunikation aufdecken helfen.

Sie sind nicht als Ordnungsfaktoren zu betrachten und sie wollen auch nicht die Organisation einer Hierarchie besser steuern helfen.

Ihre Funktion ist es vielmehr, zum handelnden Ausdruck der humanistischen Haltung zu werden. Sie sind „Hilfstruppe“ für die Balance des Dreiecks. Sie unterstützen außer der Direktheit und Offenheit auch die Integration der Beziehungs- und Sachebene im Gesprächsverlauf.

Hilfsregeln, in diesem Sinne verstanden, bieten eine Art Geländer, an dem ich mich halten kann auf der Brücke vom verallgemeinernden „Man“ zum selbstaussagenden „Ich“, vom Ignorieren des Körpers und seiner Sprache zum Wahrnehmen und Einbeziehen dessen, was in mir und mit mir passiert, von der verschlüsselnden Frage zur offenen und direkten Aussage. Nur so gesehen sind die Hilfsregeln hilfreich für empathisches Miteinanderumgehen.

Wie z. B. eine Rot-Grün-Regelung an einer Verkehrskreuzung nur im Zusammenhang mit anderen Verkehrsregeln und mit dem Ziel höchstmöglicher Sicherheit für alle zu verstehen ist, so lassen sich auch die TZI-Regeln nicht separat voneinander anwenden. Sie korrespondieren untereinander und mit den Postulaten.

Nur durch ein sich ergänzendes Netzwerk sind sie eine sinnvolle Praxishandhabe, um dem ethischen Menschenbild der TZI entsprechend zu handeln.

„Hilfsregeln helfen, wenn sie helfen“, schreibt Ruth Cohn. In den ersten Jahren ihrer Anwendung wurden in der TZI besonders die Hilfsregeln mit Begeisterung aufgegriffen. Mehr noch als die Postulate verankerten sie sich schnell im Gedächtnis der Teilnehmer.

„TZI“ – das ist ‚Ich‘ sagen anstatt ‚Man‘, konnte man da schon einmal als Definition dieser Methode hören. Methodisch-mechanistisch angewandt, sah man die Regeln gelegentlich an den Wänden der Seminarräume. Es bildete sich eine Art Kommunikationspolizei, die Regelverstöße ahndete. Diese Anwendung der Regeln degradierte zu einem Pflichtprogramm und wurde appellmäßig abgerufen. In der Rigorosität der knappen Worte und in der zu direkten Erklärung wirken sie dann eher erschreckend denn hilfreich.

Es bedurfte einer längeren geduldigen Phase des Verstehens und Einübens in den Zusammenhang von Regel und ethischem Hintergrund.

Inzwischen ist klar, daß Hilfsregeln nur helfen, wenn sie situationsgerecht und der Gruppe entsprechend formuliert und eingeführt werden. In Gruppen mit TZI-geübten Teilnehmern brauchen sie nur noch selten als solche explizit benannt zu werden, sie sind bereits in den Kommunikationsstil integriert.

In anderen Gruppen genügt es, zunächst als Leiter sie selbst zu benutzen, sich klar und direkt auszudrücken und im Einzelfall vorsichtig darauf hinzuweisen.

In sehr intellektuellen Gremien oder auch hauptsächlich sachorientierten Arbeitsteams ist eine sensible, dem Sprachstil und dem Denk- und Handlungsstil der Teilnehmer angepaßte Formulierung nötig.

Es kann also keine Normierung der Hilfsregeln und ihrer Anwendungsart geben.

2. Eine Gruppe regelt ihr Zusammenleben – Praxisstudie

Menschen tragen natürlicherweise ein Bedürfnis nach tragfähigen Verabredungen in sich, die den Umgang miteinander regeln. Solche, die ihnen eine ausreichende Eigenständigkeit und Distanz zu anderen erlauben. Ein Arbeitsbericht aus einem Führungsseminar für das mittlere Management soll uns hierzu mehr Einblick geben.

Eines der ersten Themen nach dem Ankommen der Teilnehmer und nach dem Sichbekanntmachen zielte auf die gemeinsame Arbeitsorganisation im Seminar und damit eben auf freiwillig und gemeinsam verabredete Regeln. Das Thema dazu lautete:

„Welche Verabredungen sollen hier gelten, damit wir effektiv und in gutem Klima arbeiten können:

- in bezug auf jeden einzelnen: Was will ich mit mir selbst verabreden;
- in bezug auf die Zusammenarbeit;
- in bezug auf die Leitung."

Die Fragestellung wurde in Kleingruppen diskutiert und im Plenum zusammengetragen. Auf diesem Arbeitsweg waren die Forderungen an das Verhalten einzelner mit den Verabredungen für die Zusammenarbeit ineinander geflossen und damit einer Gesetzmäßigkeit gefolgt, nach der das Verhalten einzelner eben immer nur im Gegenüber mit anderen gestaltungsfähig ist. Das – unfrisierte – Ergebnis des Verabredungskatalogs, den Hilfsregeln und – unvorhergesehen – auch den Postulaten der TZI zugeordnet, sieht so aus:

a) Verabredungen, die Eigenbestimmung (Chairman) fördern:

- mir Zeit für mich nehmen, Zeit zum Verdauen;
- selbst bestimmen, wann ich was aktiv tun will;
- mich konfrontieren lassen;
- meine persönlichen Interessen bekannt geben und verabreden, wann sie besprochen werden können;
- ich möchte laut denken dürfen;
- die Freiheit haben, „dumme" Fragen zu stellen;
- mitsteuern, in dem ich sage, was mir wichtig ist.

b) Verabredungen, die dem Störungspostulat zuarbeiten:

- wenn ich abgelenkt bin, möchte ich es sagen;
- ich möchte mich melden, wenn ich Einwände oder Vorbehalte habe, und zwar gleich;
- meine Vorbehalte anmelden;
- Konflikte aufgreifen und klären helfen;
- eigene Bedürfnisse anmelden (ehe sie wegen Unterdrückung zu einer Störung werden).

c) Verabredungen, die sich um den Körper kümmern:

- Zeit nehmen, um Sport zu treiben und Schlaf nachzuholen;
- sagen, wenn ich eine Pause brauche;
- mal überlegen, wie es mir eigentlich geht.

d) Verabredungen, die in die Frageregel münden:

- Einbringen von Verständnisfragen;
- sich nicht ausfragen lassen;
- der andere soll mir ehrlich sagen, was er wissen will.

e) Verabredungen untereinander:

- Meinungen anderer anhören und stehenlassen;
- mitsteuern;
- darauf achten, daß wir uns nicht verzetteln;
- ernst genommen werden und andere ernst nehmen;
- offener Austausch, aber auch die Verantwortung dafür übernehmen, was ich sage.

Hier wurde besonders an die Schwierigkeit gedacht, die sich beim Besprechen von firmeninternen Problemfällen ergibt, in denen es um andere Firmen, um Hierarchien, Tabus und inoffizielle Informationen geht, um all das sensible Beziehungsgeflecht, das besonderen Gesetzen der Diskretion unterworfen ist.

f) Verabredungen mit Leitern:

- Die Leiter sollen helfen, Entscheidungsprozesse herbeizuführen;
- klare Zielformulierungen vorzugeben und die Arbeitsschritte für den Themenablauf festzulegen;
- helfen, aus dem Generellen das Individuelle herauszuarbeiten, Bedürfnisse abklären und die Vorgehensweise transparent machen;
- den Prozeßablauf zur Diskussion stellen;
- Möglichkeiten zur Reflexion anbieten.
- Dafür sorgen, daß niemand verletzt wird.

Bis auf den letzten Punkt konnten wir als Leiter alles gut akzeptieren (siehe auch Leiter-Kapitel). Beim letzten Punkt wurde es schwierig. Die Teilnehmer wollten sich infrage stellen und konfrontieren lassen, wir dagegen sollten dafür sorgen, daß Verletzungen vermieden würden. Das ist oft das Schwierige am Wunsch nach Ich-Entwicklung: sie soll nach dem Motto: „Wasch mich, aber mach mich nicht naß" erfolgen. Wir konnten im Seminarverlauf davon überzeugen, daß alle Verabredungen dazu helfen, Verletzungen zu vermeiden oder frühzeitig zu erkennen, daß es aber bei allem positiven Ansatz von Veränderung meist nicht ohne Schmerzen abgeht.

Eine weitere Regel, auf die wir von der Leitungsseite her Wert legten, wurde zunächst empört abgewiesen. Sie heißt:

– Die Teilnehmer sollen selbst denken und arbeiten.

Erst langsam wurde bewußt, daß Lernen und etwas Verändern nicht auf dem Konsumwege zu haben ist. Hatten sie aber einmal das selbstgesteuerte Arbeiten ausprobiert, so wurde daraus diese schöne Balance zwischen Futter suchen und gefüttert werden, die auch Kindern in der Familie, Schülern in der Klasse und Mitarbeitern in ihren Arbeitsbereichen so gut tut.

g) Verabredungen zur „Gemeinschaftspflege":

Damit war Zusammensitzen beim Bier, Karten spielen, in die Sauna gehen u. ä. gemeint. Das löste bei einigen zunächst einmal Zurückhaltung aus und Sorge vor verordneter Gemeinsamkeit über die offiziellen Treffen hinaus. Im Nachfragen wurde langsam bewußt, daß Gemeinschaft, wie sie hier vom einzelnen gewünscht wird, nur entstehen kann, wenn einer konkret sagt: „Ich schlage vor . . . und werde mich kümmern um . . . und ich suche dazu noch Interessierte" oder ähnliche konkrete Wünsche und Angebote.

So wurde aus dem passiven Ruf nach Gemeinschaft ein aktives Zusammenspiel von Angebot und Nachfrage mit freier Entscheidung für alle.

Gemeinschaftsgefühl und Klima kann man nicht herstellen oder durch Regeln verordnen, schon gar nicht als Leiter, aber alle zusammen können Bedingungen schaffen, in denen es entstehen kann.

Ein Seminar, in dem ein solcher Katalog entstehen kann, bietet einen unvergleichlich größeren Schutzraum als es Arbeitsplätze in Firmen und in Institutionen mit meist vorgegebenen Regeln sein können. Hier herrscht kaum Rivalität, und keine Abhängigkeit von Hierarchieebenen gibt den Ton an. Das ist im Alltag anders und könnte einen Unterschied ausmachen. Wichtiger als dies scheint mir aber die Tatsache zu sein, daß in unserem Fall die Gruppe selbst und damit jeder einzelne an der Gestaltung der Verabredung beteiligt war, und daß keine dieser Verabredungen galt, solange sie noch nicht von jedem „gegengezeichnet“ war und er damit sein Einverständnis gegeben hatte.

Überall gibt es Regeln und Verabredungen in reichlicher Fülle, offizielle und noch mehr inoffizielle. Ob sie, wie hier, gemeinsam verabredet und von allen akzeptiert und mitverantwortet sind oder ob sie, einseitigen Reglementierungen gleich, „verordnet“ werden, macht den Unterschied aus. Einmal werden sie zu Hilfen gemeinsamer Zielerreichung, ein anderes Mal zu einengenden Käfigen.

Die Praxis dieser Verabredungen sorgt weiterhin dafür, daß Themen und Arbeitsprobleme nicht nur auf der sachlich-theoretischen Ebene abgehandelt werden, sondern daß das geistige Wachstum mit dem emotionalen Wachstum abgestützt wird.

Das alles gelingt nur, wenn die Regeln wirklich eingebunden sind in eine humane Haltung und in die Aussagen der Axiome und der Postulate. Wenn das nicht geschieht, dienen sie der Intoleranz und dem Dogmatismus.

XIII. Das Herz und der Schmerz sprechen mit. Notizen zur Körpersprache

„Geh Du voran", sagt die Seele zum Körper, „auf mich hört er nicht, vielleicht hört er auf Dich". „Ich werde krank werden, dann wird er Zeit für Dich haben", sagt der Körper zur Seele.
(U. SCHAFFER: Entdecke das Wunder, das Du bist)

1. Einleitung

„Beachte Signale aus Deinem Körper und achte auf solche Signale auch bei den anderen"!

So lautet eine weitere Hilfsregel, der wir hier Aufmerksamkeit schenken wollen, denn sie ist nicht nur in Gruppen, sondern bei jedem Zusammentreffen von Menschen angebracht und hilfreich. Auch im Umgang mit sich allein. Unter Körpersprache verstehe ich alle körperlichen Bewegungen, die wir in unserem täglichen Leben ausführen, von der Art, wie wir gehen, sitzen, stehen, liegen, bis zu unserem Gesichtsausdruck. Ich verstehe diese meist unbewußten Bewegungen als wesentlichen Bestandteil unserer Verständigung.

Ich verstehe darunter ebenso alle körperlichen Erlebnisse wie Schmerz oder schneller Pulsschlag oder eine Krankheit. Die TZI will mit ihrem Hinweis zu mehr Körperbewußtsein dazu anregen, auf die Ganzheitlichkeit von Intellekt, Gefühl und Körper zu achten und will dabei auch aufzeigen, wie Signale des Körpers als Ausdruck des momentanen Geschehens genutzt werden können. Diese Regel nimmt deutlicher als alle anderen den holistischen (ganzheitlichen) Gedanken des ersten der Axiome auf: „Der Mensch ist eine psycho-biologische Einheit." Er hat intellektuelle, emotionale und physische Energien, Ausdrucksformen sowie Bedürfnisse. Jede von diesen repräsentiert jeweils eine Facette der gleichen Einheit Mensch. Es ist wie bei einem Mobile: wenn ein Teilbereich angerührt wird, reagiert das ganze Mobile „Mensch". Dabei wird aber seine körperliche Reaktionsform häufig außer acht gelassen.

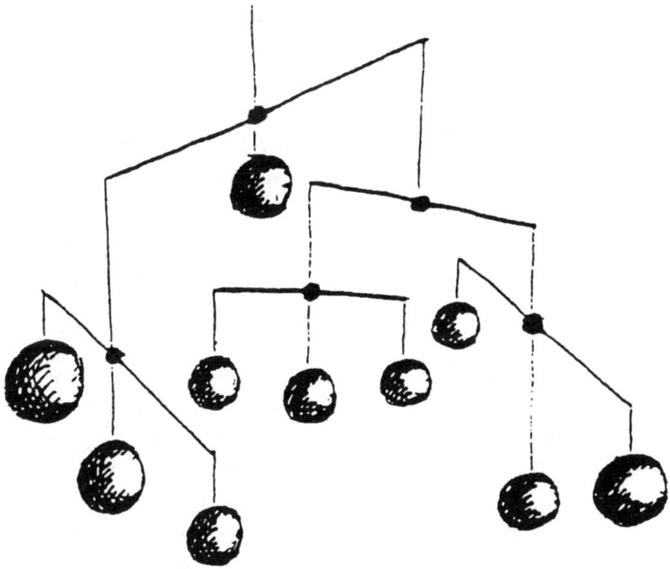

Abb. 17 Mobile

Ruth Cohn hat sich zu dieser Sichtweise der Zusammengehörigkeit schon 1955 geäußert, frühere Autoren (Goldstein 1934) aufgreifend: „Alle Formulierungen, denen die Vorstellung zugrunde liegt, daß psychische Erfahrungen organische Leiden erzeugen, oder daß körperliche Ereignisse psychische Störungen verursachen, sind nicht wirklich ganzheitlich. Die psychische Seite . . . und die physiologische Seite sind zwei Perspektiven, die wir von einem Menschen haben; sie sind aber nicht zwei verschiedene Vorgänge. Beide Aspekte kennzeichnen einen Wandel, sind aber keine alternativen Ausgangspunkte des Wandels".

2. Körpersprache ist aktiv und reaktiv

Normalerweise entwickelt der Mensch in unserem Lebensraum nur wenig Bewußtsein für seinen Körper und dessen Sprache. Der Körper ist einfach da und funktioniert, das heißt, man glaubt er funktioniere. Georg Kühlewind (1983) weist in eindrücklicher Weise darauf hin, daß man viele Körperzustände für normal und gesund hält, die ganz und gar nicht gesund sind.

Erst wenn der Körper nicht mehr funktioniert, vielleicht durch einen Hexenschuß, oder wenn er besonderen Belastungen ausgesetzt ist, z. B. einem extrem langen Fußmarsch, wenden wir ihm Aufmerksamkeit zu und spüren die Sprache unseres Leibes. Genaugenommen hören wir gleichzeitig auch die Seele, aber es ist nicht so sicher, daß wir diese Doppelung auch bemerken. „Was mich kränkt, macht mich krank", sagt ein Sprichwort und meint damit die seelischen Kränkungen. Ehe es aber wirklich zur Krankheit kommt, signalisieren körperliche Symptome, daß „etwas nicht stimmt". Ohne objektive Auslöser dingfest zu machen, fühlt man sich nicht wohl, hat aus heiterem Himmel Kopfweh, ist müde, wie es nach gutem Nachtschlaf gar nicht sein dürfte.

Körpersprache ist nonverbale Sprache und damit oft präziser als das gesprochene Wort. Sie hat dabei einen Vorteil: sie durchläuft nicht die vielen Filter, die unsere Gedanken durchlaufen, ehe wir sie dann in Worte gefaßt herauslassen. Körpersprache ist unmittelbar, spontan und damit authentisch. Menschen drücken das, was sie denken und fühlen in Sprache und Handlung aus. Eine weitere, direktere und schnelle Ausdrucksform ist die mit und durch den Körper. Sie ist, wie beim Traum, Ausdruck aus dem Unbewußten. Längst spüre ich meinen schnelleren Pulsschlag, ehe mir meine Angst deutlich wird, die ich vor der gleich beginnenden Konferenz habe. Längst hat sich mein Magen verkrampft, ehe mir klar wird, daß ich mit den Dingen, an denen wir arbeiten, schon seit längerem nicht mehr einverstanden bin. Je stärker die Schmerzen werden, um so nebensächlicher wird die eigentliche Arbeit, nebensächlich so lange, bis ich entdecke, was die Schmerzen und das „Eigentliche" miteinander zu tun haben, für welches psychische Geschehen oder für welche Kränkung im zwischenmenschlichen Prozeß dieser Schmerz die Anwaltschaft übernommen hat.

Weder Freude noch Angst, weder Hunger noch Erschöpfung lassen sich in einen körperlichen und einen seelischen Anteil trennen. Nur gedanklich können wir solche Trennungen vornehmen, im tatsächlichen Ablauf des Geschehens sind Körperfunktion und emotionaler Ausdruck eng miteinander verflochten. Körperempfindungen können wir nicht bewußt „machen". Sie stellen sich ein, wie

Gefühle sich einstellen. Ob ich Herzklopfen haben will, kann mein Kopf nicht bestimmen. Körperempfindungen sind Signale aus einer Sphäre, zu der Gedanken keinen Zugang haben.

Frühzeitig werden wir durch den Körper – wenn wir nur auf ihn hören – auf Störungen und auf gebotene Distanz hingewiesen, ebenso auf Zuneigung und auf den Wunsch nach Nähe. Störungen im Gruppenprozeß nehmen ebensogern den Weg über den Körper, um sich zu zeigen.

Wenn wir nur hinhören wollten! Haben wir doch vielmehr gelernt, uns mit unserem Körper nicht so wichtig zu nehmen, die Zähne zusammenzubeißen und nicht wehleidig zu sein. Holt der Körper uns doch einmal ein, so greifen wir schnell zu Mitteln der Chemie, die uns wieder „in Ordnung bringen".

Eines muß hier noch gesagt werden: Körpersignale kommen nicht zufällig, aber es wäre ein falscher Rückschluß, jedes körperliche Mißbehagen, jeden Schmerz auch der Seele zuzuschreiben. Manchmal hat man wirklich zu lange im kalten See gebadet oder sich bei zu langem Schreiben die Schultern verspannt und es wäre spitzfindig, jedesmal nach dem seelischen Aspekt der Schmerzen zu suchen.

Längst bevor Ruth Cohn die TZI entwickelte, war ihr das Einbeziehen des Körpers aus der Erlebnistherapie her vertraut. In der Schule von Elsa Gindler hatte sie das bewußte Erleben des Körpers kennengelernt. Diese lehrt den Menschen systematisch, den Körper wahrzunehmen und sich der Fähigkeiten des Körpers bewußt zu werden. Sie geht weiterhin davon aus, daß über das Bewußtmachen der verspannten Muskeln diese schon dazu neigen, sich zu entspannen und zu lösen. Einen ähnlichen Weg verfolgte Georg Groddeck, der schon eine Generation vorher seinen Patienten Massage anbot, damals eine Neuigkeit. Er gewann in dieser Arbeit schon die Erkenntnis, daß körperliche Entspannung oder Verspannung eng mit der seelischen Verfassung eines Menschen in Beziehung steht und daß man auf dem Weg über den Körper die Seele entdecken und verstehen lernen kann.

„Körper-Symbol der Seele" nennt Fulbert Steffensky in „Feier des Lebens" (1988) diesen Zusammenhang. Auch die analytische Therapie benutzt die Körperempfindungen als ergänzenden, oft diagnostischen Aspekt. Man könnte analog zu somatischen Untersuchungen auch von einer psychischen Differentialdiagnose ausgehen, würde man auf der Suche nach der Leidensursache Körper und Seele integriert betrachten.

3. Den Körper einbeziehen

Die Körpergefühle dem innerpsychischen Geschehen zuzuordnen und beides in Worten auszudrücken, ist gar nicht so einfach, obwohl es ganz einfach ist: Woher denn sonst, als aus den Körpersignalen, weiß ich, ob ich traurig, fröhlich oder ängstlich bin. Mein Herzklopfen, mein drückender Magen, meine unruhigen Hände drücken aus, wie es gerade um mich steht.

Auch Körperreaktionen unterstreichen im Gruppengeschehen die Kommunikation oder machen auf vergessene Aspekte in Prozeß und Thema aufmerksam. Wie wir wissen, steht in TZI-Gruppen nicht der medizinisch-therapeutische Aspekt im Vordergrund der Zielsetzung (es sei denn, es ist ihr offizielles Thema). Aber in TZI-Gruppen können wir wieder lernen, die Kommunikation nicht nur auf verbale Aussagen zu stützen, sondern die Mitteilungen des Körpers als Gesprächsbeiträge zu akzeptieren und zu nutzen. Hier geht es darum, die Körperreaktionen dem aktuellen Prozeß einzelner oder dem Gruppengeschehen zuzuordnen. Der Aufforderung „Achte auf Deine Körpersprache!“ können wir in der Praxis einige Fragen zuordnen, die den Prozeß der Integration fördern.

- Was spürst Du im Augenblick?
- Wo bist Du locker, wo verspannt?
- Wo sitzt der Schmerz?
- Wann und in welchem Zusammenhang hat er begonnen, sich verstärkt, ist wieder verschwunden?
- Aus welcher anderen Situation kennst Du diese Körperreaktion? Versuche auszudrücken, was sie dort zu bedeuten hatte.
- Was fällt Dir selbst jetzt dazu ein?
- Wenn Du Dir noch keine Antwort auf diese Fragen geben kannst, dann bleibe aufmerksam bei Deiner Körperwahrnehmung – bis Du herausbekommst, was sie Dir, der Gruppe, dem Thema oder dem Prozeß sagen will. Vielleicht aber ist sie auch Reaktion einer Nachricht aus Deinem privaten Umfeld.

Der Leib als Träger menschlicher Existenz kann auf mancherlei Weise mißverstanden werden. Wer die Sprache seines Körpers beachten und verstehen lernt, wird mit der Zeit immer genauer herausfinden, welche speziellen körperlichen Ereignisse zu welchen Gedanken gehören oder welchem Gefühl sie zuzuordnen sind. Auf die Sprache des Körpers zu achten, schafft nicht nur wichtige zusätzliche Informationen, sondern kann auch vor weitergreifenden Störungen bewahren. Nichts geht am Körper vorbei. Er ist deshalb auch der Maßstab, nach dem ich meine Existenz gestalte. Nur soweit, wie der Körper will, kann mein Aktionsradius reichen.

XIV. Wieso? Weshalb? Warum? Notizen zur Frageregel

„Wenn Du eine Frage stellst,
so sage auch, warum Du fragst
und was die Frage für Dich bedeutet."

So lautet eine der Hilfsregeln, die wir unabhängig von Gruppen auch im alltäglichen Umgang beherzigen sollten.

Die Frageregel wendet sich weniger an Informationsfragen, die durch Wortwahl und inhaltliche Aussage ihren Fragecharakter begründen, sondern vornehmlich an solche Fragen, die ohne einen Zusatz leicht als Verhör oder als Anklage aufgefaßt werden können.

Es vergeht kein Tag, an dem nicht jeder von uns eine Reihe von Fragen stellt und seinerseits auf Fragen antwortet. Ohne Frage, Fragen ist aus unserer Kommunikation nicht wegzudenken.

Im Fernsehen hörte man allabendlich: „Wieso, weshalb, warum, wer nicht fragt bleibt dumm" – eine Aufforderung nur für Kinder?

Der ganze Bereich der Orientierung und der Information ist durchzogen von Fragen. Wie sonst sollten wir Zusammenhänge verstehen oder neu verstehen, wie sonst sollten wir in der Hierarchie des Wissens aufsteigen, wie sonst sollten wir Mißstände aufdecken und verändern. Neue und aktuelle Informationen liegen nicht immer griffbereit auf dem Weg, wir müssen sie suchen und ohne Zweifel auch erfragen. Hier sollten wir ruhig abgucken von der unermüdlich forschenden Art der Kinder, die zu allem ihre Fragen stellen. Diese Art Fragen legitimieren sich dadurch, daß ihr Hintergrund für alle bekannt ist, benannt wird oder unschwer aus Sprache, Situation und Tradition zu identifizieren ist.

Schon Sokrates, der es sich zur Hauptaufgabe gemacht hatte, seinen Mitbürgern zu mehr Erkenntnis zu verhelfen, tat das mit eindringlichem, ruhelosem Fragen. Er zerstörte damit vermeintliches Wissen und führte zunächst zum „Wissen des Nichtwissens": Mit dieser Art Fragen leistete er quasi Geburtshilfe für Neuentdeckungen und jeder, der sich ihm stellte, wußte, daß die Fragen diesem Ziele dienten. Für solche Fragen würden wir auch keine neue Regelung benötigen. Sie erklären sich von selbst.

Die Frageregel der TZI bezieht sich auf solche Fragetechniken, die für Verteidigungs- und Machtspiele stehen, die tendenziös oder gar inquisitorisch werden können, die in vermeintliche oder tatsächliche Verhöre ausarten und beim Befragten Rechtfertigungsphantasien auslösen.

Manch Schlagabtausch läuft da zwischen den Gesprächspartnern hin und her: Lehrerin: „Möchten Sie ihre Tochter nicht lieber umschulen? Glauben Sie nicht auch, daß sie mit dem Stoff überfordert ist? Sprechen Sie wenig mit Helga?“ Mutter: „Wir fragen uns, warum Sie als Sportlehrerin gerade die Klassenlehrerin sind? Wissen Sie überhaupt, wie ungern die Schülerinnen Ihre Gymnastik mitmachen?“ Vielleicht weckt es Erinnerungen an ähnliche schriftliche oder auch mündliche Situationen. Die Voten enthalten Hypothesen und Vorwürfe als Fragen kaschiert und selbst die eigentlichen Informationsfragen kommen in ihrer subjektiven Aussage Vorwürfen gleich. Emotional negativ besetzte Botschaften werden auf vermeintlichen Sachfragen transportiert. „Wir fragen uns . . .“ würde wohl, wäre man ehrlich, als Aussage heißen: „Als Klassenlehrerin halten wir sie für ungeeignet“. Aber wer sagt schon so etwas gerade heraus, wenn die Situation bereits so verfahren ist. In eine Frage gekleidet kann ich – darauf angesprochen – immer noch bestreiten, es je so gemeint zu haben.

Fragen dieser Art gebären weitere Fragen, schüren Aggressionen und Ärger, führen weg von jeder Aussagekraft. Weder die objektive Botschaft „Helga schafft den Stoff der 10. Klasse nicht“ noch die emotionale Botschaft ist eindeutig zu identifizieren. Die Gesprächspartner sind auf beiden Seiten auf Vermutungen angewiesen und ihrer Phantasie ist freier Lauf gelassen. Schnell inszeniert sich ein Duell, vielleicht lediglich ausgelöst durch Ungeschicklichkeit oder Schüchternheit. Hier kann uns wieder die Eisberg-Theorie aus dem Dreieckskapitel helfen, die unkoordinierten Vorgänge auf zwei Ebenen zu durchleuchten. Da ist eine Lehrerin, die mit einer Schülerin nicht zurecht kommt. Ob die schlechten Kenntnisse die Beziehung blockieren oder ob die gespannte Beziehung das Lernvermögen der Schülerin blockiert, wissen wir nicht. Da hat eine

Mutter einen Stoß bekommen und reagiert betroffen und aggressiv. Dieses Beispiel kann für viele ähnliche Fälle stehen, in denen klare Aussagen vermieden werden sollen, aber, in Fragen umgemünzt, die Situation auch nicht bessern.

„Meinen Sie nicht auch, daß . . .", oder „Haben Sie schon einmal über . . . nachgedacht?", so beginnen häufig auch Kritikgespräche mit Mitarbeitern oder Gespräche über Arbeitsresultate, mit denen man nicht einverstanden ist und jeder Gefragte weiß, was ihn nun erwartet. Anstelle dieser Frageformulierung mit Suggestivcharakter würde eine direkte Aussage wie etwa: „Ich möchte mit Ihnen über . . . sprechen" ein besseres Klima und bessere Gesprächsvoraussetzungen schaffen.

„Obszön" nennt Bodenheiner sogar in seinem Werk „Warum?" (1985) diese Art der Fragetechnik; sie sei unanständig, sie beschäme, sie sei nicht ehrlich. Das Hebräische drückt die Worte Frage und Hölle mit dem gleichen Wort aus: sche'ol = Hölle, der Ort des Grauens und der Angst, in den man hinunter gestoßen wird; Fragesituationen, peinlich-beschämendes Bloßgestelltwerden, solange die Frage ohne verständnisgebenden Hintergrund auf den Gefragten trifft.

Bloßgestelltwerden, dieses unangenehme Gefühl wird um so stärker, je deutlicher ein Machtgefälle zwischen Frager und Befragtem besteht. Wer die Frageform für sich in Anspruch nimmt, hat in vielen Fällen damit auch die Position zu seinen Gunsten abgesteckt. Wir sehen uns – wenn auch nur einem vermeintlichen – Richter oder Polizisten gegenüber. Vermeidung von dieser Art negativ besetzter Fragetechnik hilft dementsprechend auch, Situationen partnerschaftlich anstatt herrschaftlich zu gestalten.

Es ist noch nicht einmal die Frage selbst, die als solche problematisch ist, problematisch ist allein die Tatsache, daß der Befragte nicht weiß, was der Fragende mit seiner Aussage machen wird und ob er mit Vertrauen rechnen kann. Verstärkt werden solche Situationen, wenn sie längst vergangene Erfahrungen wachrufen, in denen der Befragte degradiert wurde. Selbst die banale Frage: „Wie geht es Ihnen?", an der richtigen Stelle plaziert, baut eine Hierarchie auf. Nur Erlaubnisfragen, solche die auf Bestätigung und Lob hoffen, sind auch von unten nach oben üblich. Nicht die Frage ist also hier die Frage, sondern die Unklarheit über Beziehung und Situation. Die Frageregel der TZI will dazu beitragen, daß diese unnormale Einseitigkeit aufgehoben wird.

Bei kaum einer anderen sprachlichen Kommunikation bestimmen Lautstärke, Mimik und Wortwahl so sehr den Aussagewert wie bei der Frage. Der Empfänger hat längst wahrgenommen und eingeordnet, was auf diesem Wege herüber kam, ehe die Worte mit dem „eigentlichen“ Inhalt sein Ohr erreichen. Zumeist eilt das Nonverbale dem Verbalen um einiges voraus.

Eine ganz andere Art des legitimen Fragens betrifft neben der vorne genannten Informationsfrage die Frage im therapeutisch-beratenden Kontext, die Frage des Therapeuten an den Klienten.

Das Instrument der Frage zielt hier darauf ab, den Gesprächspartner – es kann durchaus auch ein Freund oder Mitarbeiter sein – auf seiner Suche nach Konfliktlösungen oder bei Innovationen zu begleiten, ihn anzuregen, seinen eigenen Erkenntnisweg zu gehen und für sich selbst die passenden Antworten zu finden. Im professionellen Bereich ist der Frager hierzu ausdrücklich autorisiert.

Es gehört zur hohen Kunst des Therapeuten, sparsam und im richtigen Augenblick diejenigen Fragen zu stellen, die das Konfliktpotential erhellen und dem Gesprächspartner helfen, seine eigene Problematik zu verstehen und eigene Antworten zu finden. Sind die Fragen exakt plaziert, so können sie sich auf ein Mindestmaß beschränken und das Gegenüber kann darauf eingehen, ohne sich ausgefragt zu fühlen.

Hier wie in anderen Fragesituationen ist es günstig, sogenannte „offene“ Fragen zu stellen. Das sind im Gegensatz zu „geschlossenen“ Fragen, auf die nur mit „ja“, „nein“ oder „vielleicht“ oder „weiß ich nicht“ geantwortet werden kann, solche, die ein breites Spektrum an Antworten ermöglichen. Auf die Frage: „Wenn Sie an diese Begebenheit denken, tut es sicher weh“, wird ein Klient möglicherweise mit „Ja“ antworten, wohingegen er viele Antworten offen hätte, wenn die Frage lautet: „Welche Gedanken und Gefühle stellen sich denn ein, wenn Sie an die Begebenheit denken?“, z. B. „Ja, es gibt immer noch einen Stich, aber langsam bekomme ich schon mal Wut darauf und dabei fällt mir ein . . .“ Eine offene Frage wie diese bietet eher den Beginn für einen Veränderungsprozeß als Fragen mit vorprogrammierten Ja-Nein-Antworten.

Auch bei solcher Art „erlaubter“ Fragen im therapeutischen Rahmen läßt sich ein Oben-unten-Gefälle, dem TZI grundsätzlich entgegenwirken will, nur schwerlich vermeiden. Dies hat für eine begrenzte Zeit der gemeinsamen Arbeit sicher einen Sinn, aber auch hier sollte überprüft werden, welche erlaubten Fragen sich ebenso in authentische und ausgewählte Aussagen des Therapeuten wandeln lassen.

„. . . so sage, warum du fragst“, so lautet der 2. Satzteil der Frageregel. Sobald ich meiner Frage auch den Grund meines Fragens zugeselle, kann für den anderen ein Denkanstoß daraus werden. Meine Frage gewinnt an Transparenz und eine offene Antwort kann nicht mehr so schwer fallen.

Ein Beispiel hierfür ist folgende Situation:

- Chef zur Mitarbeiterin, Eheman zu seiner Frau:
  „Wie sieht's denn in der Haushaltskasse aus?“
  Reaktion (meist unausgesprochen):
  „Ach du liebe Zeit, Kontrolle. Hab' ich zuviel ausgegeben?“ oder „Wo mischt er sich nun schon wieder ein!“
- Oder: Gleiche Personen, gleiche Situation, aber erläuterte Frage:
  „Wie sieht's denn in der Haushaltskasse aus? Ich würde so gern mal mit allen zum Essen gehen.“
  Reaktion (vielleicht sogar ausgesprochen):
  „Ja, wenn's jetzt nicht reicht, sparen wir dafür“, oder „Dazu habe ich nicht viel Lust, aber . . .“

Vielleicht bleibt die Frage als solche trotzdem unangenehm und der Befragte fühlt sich nicht sehr wohl in seiner Haut, aber es gibt eine hohe Wahrscheinlichkeit, daß durch Transparenz Vertrauen und Offenheit gefördert wird.

XV. Ich-Man-Wir: Sprechen im eigenen Namen. Gegen die Anonymität

Zu den die Postulate ergänzenden Regeln gehört auch diejenige, die dazu auffordert, im eigenen Namen zu sprechen und etwas von sich selbst zu sagen, anstatt in anonyme Redewendungen auszuweichen, die sich hinter einem „Man“ oder einem „Wir“ verstecken.

> *„Vertritt Dich selbst in Deinen Aussagen:*
> *Sprich per ‚Ich‘ und nicht per ‚Wir‘ oder ‚Man‘.“*
> *(„State yourself – speak for yourself“*
> *ist die englische, noch präzisere Formulierung.)*

Die verallgemeinernden Redewendungen des „Wir“ und „Man“ sind in den meisten Fällen Versteckspiele, mit denen persönliche Aussagen vermieden werden. „Wir glauben . . .“, „Man sollte doch lieber . . .“, „Jeder hier . . .“: Diese Satzanfänge zeigen uns, wie der Sprechende der Verantwortung für sich selbst aus dem Wege geht und das „Man“ der öffentlichen Meinung für sich sprechen läßt und damit die Zuhörer zu überzeugen versucht.

„Wir“ und „Man“ gehören zu den meistgebrauchten Worten im deutschen Wortschatz. Majestätsplural nannte man dieses Wir vor hundert Jahren und auch heute noch hat es etwas Herrschaftliches an sich und schafft rasch Oben-unten-Verhältnisse. Im Altenheim, im Krankenhaus, auch in Werkhalle und Schule hören wir diese vereinnahmenden Wir-Sätze.

Anstatt eine eigene Aussage zu machen, wird mit diesem „Man“ oder „Wir“ einfach verfügt. Es sind unerlaubte Übergriffe auf andere, Übereinstimmungen voraussetzend, die gar nicht getroffen wurden. Geradeheraus anzuordnen wäre dann ein ehrlicherer, wenn auch nicht gerade wünschenswerter Weg.

Eine Ich-Formulierung dagegen bewirkt, daß aus einer allgemeingültigen oder vereinnahmenden Aussage eine persönliche wird. Sie zwingt dazu, die eigene Meinung zu äußern und zu den eigenen Gefühlen zu stehen. Dadurch gewinnt der Sprechende und seine Aussage an Kontur. Mit seinen eigenen Gedanken und Gefühlen zeigt er auch ein Stück von sich selbst und so haben die Zuhörer die Chance, wirklich teilzunehmen. Sie müssen kein Pseudo-Interesse entwickeln oder sich langweilen. Persönliche Voten sind in der Regel farbiger als Allgemeinaussagen.

Ich-Aussagen helfen zu offener Kommunikation. Wir können voneinander erfahren und persönlich darauf reagieren. Es wird nicht über jemanden gesprochen und auch nicht für ihn.

Das ist zunächst nicht leicht. TZI achtet hier sehr konsequent auf einen allmählich sich wandelnden Sprachgebrauch, der aber nicht in Sprache stecken bleiben soll. Das Einüben in die direkte Rede, in ein klares „Ich“ ist ein Weg, der eine Veränderung in der Einstellung bewirkt, es ist ein therapeutisch-pädagogischer Lernansatz, der bis in politische Haltungen wirkt. Anstatt „Man sollte doch . . .“ „Ich will . . .“ oder ein „Ich werde . . .“ zu sagen, leitet Veränderung bei mir selbst und beim Gegenüber ein und zwingt dazu, beiderseits authentisch und aktiv zu werden. Das erfordert Mut und Geduld und eine andere Bewußtheit für sich selbst und seine Aussage. Es verändert auch Kommunikation.

Die Regel „Sprich per Ich“ habe ich schon sehr mechanisch angewandt gesehen, so als ob diejenigen, die sie schon können, wie Wachhunde auf das nächste „man“ ihrer Kollegen warten. Abgesehen von einer gewissen Lernwilligkeit möchte ich mir das so erklären: Größere, persönliche Offenheit, die mit dem Ich-sagen einhergeht, macht auch verletzlicher und wer will sich schon gern bloßstellen, während andere sich hinter einem „man“ zurückhalten. Ich-sagen, verbunden mit wirklichem Ich-denken, führt stets vom Abstrakten zum Konkreten. Nur die konkrete Aussage der Person kann auch zu gewünschten konkreten Zielen führen.

XVI. „Du bist so ...“ Anmerkungen zu Interpretationen

Eine weitere wichtige Hilfsregel weist auf die Asymmetrie hin, die in Beziehung und Kommunikation dadurch entsteht, daß einer die Aussage, Mimik und Gestik, die Handlung eines anderen zu verstehen meint und deutet, ohne sich über das Warum dieses Ausdrucks oder dieser Handlung vom Handelnden selbst unterrichten zu lassen:

„Halte Dich mit Interpretationen
so lange wie möglich zurück.
Sprich statt dessen Deine persönlichen
Reaktionen aus.“

Interpretationen sind nur dann hilfreich und angebracht, wenn sie in der geeigneten Situation und taktvoll ausgesprochen werden. Die größte Chance, positiv gehört zu werden, haben solche Interpretationen, die dem anderen schon relativ bewußt sind oder deren Aussage er zumindest ahnt. Dann kann es für ihn fast eine Erlösung sein und er erlebt es nicht mehr als Interpretation sondern als Erleichterung. Diese Interpretationen treffen dann vielleicht exakt den blinden Fleck, diese Stelle der eigenen Persönlichkeit, zu der wir ohne den Spiegel in der Person des anderen nicht hinschauen können, aber doch neugierig sind auf diesen Aspekt unseres Selbst.

Der Zeitpunkt des Aussprechens spielt immer eine entscheidende Rolle. Ist meine Deutung zwar generell richtig, erfolgt sie aber in einem Moment, wo der andere nicht darauf gefaßt ist oder aus einem anderen Grund nicht bereit ist zu hören, so wird er sie verneinen, auch wenn sie stimmt. Dieses Schicksal ereilt positive wie auch negative Deutungen.

Es bedarf schon in der Therapie eines feinen Fingerspitzengefühls, um Interpretationen so zu plazieren, daß sie den Explorations- oder Heilungsprozeß fördern. Wieviel schwerer ist es dann, im Alltagsbetrieb oder im Gruppengeschehen das Wahrnehmen und das Wahrgenommene zu deuten, voneinander zu trennen und es dem Gegenüber auch als solches anzubieten. Inadäquat ausgedrückte Interpretationen erregen nicht nur Abwehr, sie verlangsamen oder unterbrechen gar den Prozeß.

„Sprich nicht über den anderen, sprich zu ihm!", so könnte diese Regel auch lauten. Wenn wir dies berücksichtigen, so veranlaßt die persönliche Aussage auch eine persönliche Gegenreaktion und fördert damit spontane Interaktion. Ein Beispiel:

> „Du kommst jedesmal zu spät. Das tust Du ja nur, um Aufmerksamkeit zu erregen." – „. . ."

Die hier fehlende Antwort könnte einer Sprachlosigkeit entsprechen, in die der so Interpretierte verfällt.

> „Du kommst jedesmal zu spät. Es ist so zeitraubend, die Informationen dann nochmal zu geben und es bringt uns aus dem Nachdenken."
> „Ja, es ist mir auch nicht angenehm so . . ."

Und nun können seine Aussagen zu einer Lösung für alle führen. Jeder erklärt sich und seine Reaktion und erklärt nicht den anderen. Die eigene Reaktion ist nicht immer leichter aussprechbar, aber sie ist in jedem Fall am bedeutsamsten. Diese Hilfsregel weist von einer anderen Seite auf die weitverbreitete Trennung von Objekt und Subjekt hin. In der TZI soll nicht aufgeteilt werden in Personen, über die gesprochen wird und solche, die über sie sprechen. Hier gibt es keine Forscher und Forschungsobjekte, solange es sich um Menschen handelt. In einem gleichrangigen Kommunikationsprozeß interpretiert jeder nur sich selbst.

XVII. Überlegungen zur Rolle und zum Selbstverständnis des Leiters

1. Der Leiter als Lernquelle

Die Persönlichkeit des Leiters ist immer auch Vermittler seiner Botschaft. Darum sind neben fachlicher und sozialer Kompetenz das Selbstverständnis und die Verhaltensweisen des Leiters ein wichtiger Bestandteil für das Lernen und Arbeiten in der Gruppe. Er ist ein Modell für die Teilnehmer, unabhängig davon, nach welchem methodischen Konzept er auch leitet. Je nachdem wirkt er als Anreger oder als Kontrapunkt. Ob der Leiter die Inhalte vermittelt oder auf eine andere Art und Weise zum Lernen und Arbeiten verhilft, er ist in jedem Fall eine wichtige Lernquelle.

Die Rolle und Funktion des Leiters, so wie sie mit dem Ansatz der TZI ausgestaltet wird, soll uns beschäftigen, ehe wir uns den Praxisbeispielen zuwenden.

Die Rolle des TZI-Leiters ist aktiver, sichtbarer und teilnehmender als es im klassischen gruppendynamischen Training der Fall ist, bei dem der Leiter auf die Vorgabe von Themen und von Strukturen für die Bearbeitung der Inhalte weitgehend verzichtet. Er arbeitet dabei im wesentlichen nur mit dem Material, das der gruppendynamische Prozeß zwischen den Teilnehmern hervorbringt, und unterstützt das Lernen der Teilnehmer durch Feedback. Dieses Vakuum an Leitung und Struktur zwingt in gruppendynamischen Trainings die Teilnehmer dazu, sich mit ihrem Verhalten in unstrukturierten und unübersichtlichen Situationen zu befassen und für das Entstehen einer Gruppe und ihrer inneren Struktur den Leitfaden selbst zu suchen.

Für eine Vielzahl von Lern- und Problemlösegruppen ist das jedoch ein ungeeignetes Lernfeld. Ihr Fokus liegt nicht allein auf dem Erleben der Gruppendynamik selbst, sondern auf der Bearbeitung eines Themas oder einer Aufgabe, bei der sachliche Inhalte mit emotionalen Bezügen verbunden sind. Das Arbeiten auf der Sachebene und auf der emotionalen Ebene verlangt ein entsprechendes Leitungsmodell, das Kopf und Sinne gleichermaßen aktiviert.

Damit ist nicht gemeint, daß Gruppendynamik in dem hier vertretenen Konzept keine Rolle spielt. Es gibt keine Gruppe ohne Dynamik, und jeder Leiter weiß, daß die Nutzung und die Steuerung dieser Dynamik zugunsten des Lernprozesses der Gruppe zu seinem Handwerkszeug gehören muß. In TZI-geleiteten Lern- und Arbeitsgruppen ist die entstehende Dynamik soweit zu thematisierender Gegenstand, wie sie auf die Lern- und Arbeitsthemen einwirkt, diese vertieft, beschleunigt, lebendig macht oder stört.

Der andere Pol, zu dem sich das hier benutzte Leitungsmodell abgrenzt, ist das klassische Lehrmodell, bei dem der Lehrer durch Vortrag oder Übungen den vorprogrammierten Stoff vermittelt und die zentrale Quelle für den Erwerb von Wissen darstellt. Der Stoff wird stark vorstrukturiert, die emotionale Ebene wird dabei eher als störend empfunden, mit Nachsicht behandelt oder mit Gewalt unterdrückt, nicht aber in den Lernprozeß einbezogen.

2. Der Leiter als Modellteilnehmer

In der TZI wird der Leiter als Modellteilnehmer verstanden. Seine Echtheit und seine ausgewählte Offenheit setzt Maßstäbe für die Teilnehmer, die sie gleichzeitig als Herausforderung erleben sollen. Er entscheidet sich in der Auswahl seiner Gedanken und Gefühle, die er der Gruppe zur Verfügung stellen will, durch die Frage: „Welche meiner Gedanken und Gefühle sind jetzt für Prozeß, Thema und Teilnehmer förderlich“, gelegentlich auch im konfrontativen Sinn.

Diese Haltung und Technik in der Leitung geht von der Überlegung aus, daß niemand erwarten kann, daß Teilnehmer oder Mitarbeiter von sich selbst etwas zeigen, wenn der Leiter selbst sich versteckt. Steuert der Leiter seine eigenen Gedanken und Gefühle bei, und zwar nicht nur die guten, sondern ausgewählt echte, so macht er damit den Teilnehmern Mut, selbst echt zu bleiben und von sich selbst auch nicht nur die Sonnenseite zu zeigen, sondern auch solche Anteile ihrer Person, denen sie sich sonst nicht stellen, die aber wichtige Funktion haben.

3. Sechsfache Aufmerksamkeit

Die Rolle des Leiters im hier verstandenen Sinne ist die eines aktiven Lern- und Arbeitshelfers, der durch die von ihm angebotenen Themen, Lernstrukturen und Interventionen die Gruppe bei ihrer Entwicklung unterstützt und sie gleichzeitig bei der Arbeit an ihrer Aufgabe fördert. Er ist damit, wenn man so will, Anwalt für eine Reihe von Aspekten, die nicht immer ganz widerspruchsfrei sind. So ist der Leiter in erster Linie Anwalt

a) für den *Auftraggeber*, für den er das Projekt durchführt und mit dem er im Kontraktgespräch Ziele vereinbart und Zusagen gemacht hat, die er in der Gruppe vertreten wird;

b) für die Klärung der inhaltlichen *Lernziele* der Gruppe und ihre Erreichung in der vorgegebenen bzw. vorhandenen Zeit; dafür, daß die Gruppe fähig wird, ihre Lernziele selbst aktiv anzustreben;

c) für den einzelnen *Teilnehmer* und dessen Entwicklung in der Gruppe, jedoch nur in dem Umfang, wie dieser dazu selbst noch nicht imstande ist.

Der Schritt vom Etwas-Tun-Sollen oder Tun-Müssen, weil man es so tut, oder weil andere es so verlangen, hin zum Tun-Wollen aus eigener Entscheidung ist für manche ja recht groß; „Sei Deine eigene Chairperson" lernt sich langsam und es gibt darüber hinaus gelegentlich psychische Ausnahmesituationen, in denen Erwachsene nicht autonom handlungsfähig sind.

d) Für die *Dynamik des Gruppengeschehens,* damit offene Interaktion und Kommunikation stattfinden kann.

Mit dem Gruppengeschehen ist es wie mit den Flüssen. Sie suchen sich ihren Lauf, oft mühsam, immer wieder gegen Hindernisse anlaufend, sie umgehend, sich verzweigend, verrieselnd oder in Klippen hinunterstürzend. Nun, Flüsse kann man kultivieren, ohne sie zu zerstören, und Gruppenflüsse lassen sich ähnlich leitend fördern, ohne sie gleich zu kanalisieren.

Das tun Leiter, indem sie geeignete Strukturen vorgeben anstatt die Gruppe in jeder Situation selbst finden lassen, wie sie arbeiten will.

e) Dafür, daß die *Realität der Umwelt* und des Umfeldes, in dem die Teilnehmer leben, nicht vergessen wird.

   Das alltägliche Umfeld hat eine Art Dauerpräsenz, aber auch alles andere außerhalb der Gruppe wird der Leiter im Blick behalten und gegebenenfalls ansprechen.

f) Und schließlich für *sich selbst* und für seine Fähigkeiten und Grenzen.

   Der Leiter sollte sich solche Bedingungen schaffen, durch die er für sich und seine Sache eine gute Chance erhält. Er soll beim Leiten nicht durch sich selbst gestört werden.

Diese sechsfache Aufmerksamkeit kennzeichnet das Leitungsverständnis in der TZI, welches in vielen Schritten gelernt und erprobt werden muß, ehe es selbstverständliches Handeln wird.

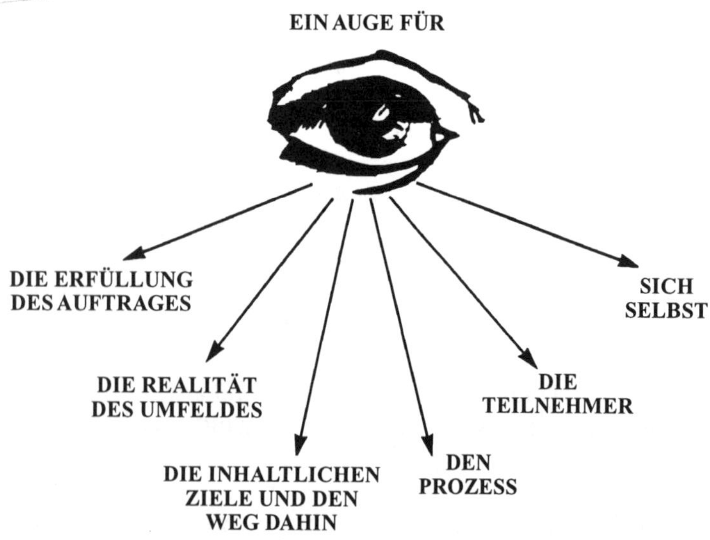

Abb. 18 Sechsfache Aufmerksamkeit

Dieses stellt ein Grundkonzept für die Leitung in TZI dar und kann durch weitere Elemente ergänzt werden, so wie es für die jeweilige Gruppe förderlich ist, wie es für diesen speziellen Arbeitsauftrag zweckmäßig erscheint und so wie es am besten zum jeweiligen Leiter paßt.

4. Wer leitet denn da mit?

Leiten, das haben wir nicht nur in Seminaren oder in eigener Praxis gelernt, sondern ebenso stark in der eigenen Geschichte, in Familie, Schule und Verein, in Auseinandersetzung mit leitenden Menschen auf unserem Lebensweg. Dort sind uns die Modelle und Vorbilder begegnet, nach denen wir uns auch heute noch – bewußt oder unbewußt – orientieren. Diese Begegnungen haben Spuren hinterlassen oder Muster gegeben für das eigene Leitungsverhalten.

In manchen Familien gibt es formelle, für alle erkennbare und anerkannte Leiter. In anderen geschah die Übernahme von Leitung eher situativ, eher zufällig oder in Konkurrenz zueinander. Vielleicht nehmen Sie sich an dieser Stelle ein wenig Zeit und lassen Bilder aus Ihrer Kindheitsfamilie vor Ihrem inneren Auge auftauchen. Vermutlich tauchen sofort die, „offiziellen" Leitpersonen auf: Vater, Mutter, erste Lehrer. Suchen Sie jedoch auch nach den Leitern im Hintergrund der Familiensituation.

Was immer sich auch anbietet: diese allerersten Bilder haben ihren Einfluß auf uns: Wo immer wir leiten, die Schatten früherer Leiter begleiten uns. Die persönliche Reflexion hilft und ist notwendig, diese Schatten zu sortieren und gegebenenfalls aufzulösen, damit sie uns nicht unzweckmäßig ins Handwerk pfuschen. Ihre Chance wird dadurch geringer, sich unreflektiert einzuschleichen und unser Verhalten vom Hintergrund her entscheidend mitzusteuern.

Als Leiter sollte ich meine Persönlichkeitsentwicklung – und die daran beteiligten Baumeister – verstehen und ihre Wirkung auf mein heutiges Handeln in etwa kennen. Vermutlich finde ich hier auch einen der Schlüssel, warum ich überhaupt Leiter geworden bin und warum gerade in diesem Bereich und mit diesen Menschen. Wessen Ansprüche erfülle ich damit eigentlich? Welchen meiner Hintergrundfiguren mußte ich mich mit dieser Berufswahl beweisen und muß ich es heute immer noch? Zum Aufarbeiten dieser Fragen dienen u. a. Seminare auf dem Lernweg zum TZI-Gruppenleiter, die die Reflexion und die Entwicklung der eigenen Person zum Inhalt haben.

Aber nicht nur die Leiter, auch die Teilnehmer haben ihre Leiterbilder auf dem Weg ihrer Persönlichkeitsentwicklung geprägt. Diese Bilder beeinflussen die aktuellen Vorstellungen, Wünsche und Erwartungen an heutige Leiter und verstellen damit den unbefangenen Blick für die Person, die jetzt leitet.

Was der Leiter aus dem früheren Erfahrungspotential eher nachahmend oder gegenteilig verwendet, verwendet der Teilnehmer meist wiederholend

Aus Leitersicht bieten sich die folgenden beiden Varianten an:

„Ich werde das so machen wie z. B. mein Vater, das hat mir gefallen und hat sich bewährt.“	*„So wie mein Vater will ich auf gar keinen Fall leiten, so autoritär, so schwach, so unsichtbar.“*

Aus der Teilnehmersicht erleben wir dagegen ein anderes Modell:

„Alle, die leiten, sind meistens/immer . . .
Darum ist es gut, wenn ich . . .“

So weckt jeder Leiter bei den Teilnehmern alte Erfahrungen des Geleitetwerdens neu. Subjektive Erfahrungen aus der Vergangenheit werden in das aktuelle objektive Geschehen hineingesehen, ohne daß es bewußt wäre. Bei diesem Vorgang der Übertragung werden nicht nur negative Erinnerungen, Gefühle und Handlungsmuster in die momentane Situation hineingenommen, sondern auch positive. Beides ist gleich störend. Eine Übertragung ist, wie wir wissen, ein „Irrtum“ in Zeit, Ort und Person! Ehe diese falsche Einschätzung nicht aufgedeckt und so gut es geht aufgelöst wird, werde ich als gegenwärtige Person, die leitet, nur verzerrt wahrgenommen und es wird dementsprechend unangemessen auf meine Intervention reagiert. Meistens kann ich dabei nur enttäuschen, denn ich bin ein anderer. Hier ein sensibles Ohr zu haben hilft, Probleme in dieser Situation besser zu erkennen und auseinanderzusortieren.

Leitungsfunktion als solche anzuerkennen und Übertragungssituation so weit wie möglich aufzulösen, ist ein Anliegen der TZI. Leiterbezogene Vorurteile sollen so nicht stehen bleiben. Das muß von beiden Seiten her geschehen. Der Leiter muß sich darüber bewußt sein, daß nicht jeder finstere Blick, nicht jede spontane Zuneigung ihm als Person gilt, sondern gelegentlich auch derjenigen Person, die auf ihn übertragen wurde.

Die Teilnehmer müssen sich bewußt werden, daß hier ein Mensch als Leiter vor ihnen steht, den sie als eigenständige Person erleben werden, von dem sie sich Schritt für Schritt ein eigenes Bild machen können, und bei dem sie auch ihrerseits neue Verhaltensweisen Leitern gegenüber erproben können. Es ist für manche Teilnehmer ein schwieriger Lernweg, zu akzeptieren, daß der Leiter für obengenannte Aspekte des Gruppengeschehens die Augen offen hat, für andere sie aber auch selbst Sorge tragen müssen. Das Ausprobieren der Postulate und Regeln hilft ihnen dabei: Am Anfang einer jeden Gruppe stellt der Leiter durch seine Interventionen die Weichen dafür, ob er im weiteren Verlauf sein kann, was TZI-Leitung möchte: „Teilnehmer mit besonderen, klar umrissenen Funktionen".

Zwar sollte jede Gruppe, die mehr als fünf Teilnehmer hat, grundsätzlich geleitet werden, aber dieser Leiter hat gleichzeitig Sitz und Stimme als Teilnehmer. Seine Gedanken und seine Gefühle haben ähnlichen Stellenwert wie die der Teilnehmer. Er wird neben der Aufgabe als Chairman der Gruppe auch sein eigener Chairman sein. Bleibt dagegen der Leiter mehr oder weniger neutraler Dirigent, so wachsen die oben genannten Übertragungsphantasien um so mehr. Gruppenleiten ist eine Funktion und kein Statussymbol, das unreflektiert mit Macht ausstattet. Den Part der Leitung, können ungeübte Gruppenmitglieder nur schwer übernehmen. Eine Gruppe ohne Leiter würde gestört sein in der Konzentration auf ihr Anliegen. Daher der Anspruch an Leitung.

5. Immer nur geben? Anmerkungen zur Psychohygiene des Leiters

Als Leiter bin ich als Person stark gefordert. Mit meiner Person, mit meinem Verhalten bin ich immer Modell (auch in dem, was die Teilnehmer gerade deshalb nicht übernehmen wollen) und Ressource für ihr Lernen. Ich kann mich nicht nicht-verhalten. Ich muß mit einem inneren Auge mich selbst beobachten und die Auswirkungen meines Verhaltens auf den Prozeß und die Teilnehmer reflektieren. Der Prozeß mit den Teilnehmern verlangt ebenso Konzentration und Aufmerksamkeit wie die eigene Selbststeuerung und Selbstbeobachtung. Ich sollte als Leiter teilnehmend sein können und trotzdem Distanz wahren. Ich sollte Menschen mögen, obwohl manche mir zunächst einmal unsympathisch erscheinen. Ich sollte immer wieder mit Menschen in Kontakt treten, obwohl mir vielleicht gar nicht danach zumute ist. Ich sollte weiter aufmerksam sein können, auch wenn ich gerade müde bin oder unlustig. Ich sollte mich intensiv auf Menschen, Prozesse und Probleme einlassen und mich rasch erholen.

Dies ist nicht das Anforderungsprofil an einen Übermenschen. Der unvollständige Katalog soll nur darauf hinweisen, daß Leitung eine belastende Aufgabe ist, für die ich einen Ausgleich brauche, um nicht auszubrennen oder in Routine zu verfallen.

Wie und wo hole ich mir also die Energie und den Ausgleich für diese Arbeit? Wie gut sorge ich für mich selbst? Wie und wo lade ich ab? Wo finde ich meine innere Ausgeglichenheit, und wo bekomme ich meine „Streicheleinheiten", damit ich nicht durch meinen Hunger nach Anerkennung, Liebe, Status oder Macht die Teilnehmer und den Prozeß auf Punkte hinlenke, die mehr mit eigenen Motiven zu tun haben als mit dem Gesamtgeschehen in der Gruppe.

Die Fachwelt bezeichnet diesen Fragenkomplex als *„Psychohygiene"*. Jeder wird dabei seine eigene Strategie entwickeln, natürlich gelten auch für mich Spielregeln der Gruppe in bezug auf Eigenverantwortung, Anspruch auf Autonomie und Selbstbestimmung, Ernstnehmen von Störungen usw. Meine Person zählt wie alle anderen. Ich nehme Verantwortung für meine Wünsche und Bedürfnisse wahr und bestimme selbst, wie und wo ich sie befriedigen will, eingedenk aller Konsequenzen.

Dennoch: ich bin als Leiter nicht Teilnehmer, kann nicht einfach aussteigen oder für eine Sitzung in die innere Emigration gehen. Ich muß Störungen und Betroffenheit, die nicht mit dem Seminar zu tun haben, in einer späteren Phase nach dem Seminar verarbeiten und dafür sorgen, daß ich einigermaßen ausgeglichen an die Arbeit gehen kann. Die folgenden Fragen sollen anregen, das eigene Gleichgewicht von Geben und Nehmen zu überprüfen. Die

Hypothese dahinter ist, daß nur der zu anderen und in der Sache gut sein kann, der es auch zu sich selbst ist. XX

- Welche äußeren Bedingungen während des Seminars will ich für mich sicherstellen bzgl. Ruhe, Komfort, Zeit nur für mich, Sport, Essen, usw.?
- Welche Hilfen brauche ich während der Leitung und zu kurzfristiger Vorbereitung gegebenenfalls vor Ort (Personen, Materialien, Bücher, Medien usw.)?
- Welche Belastungen von außen muß ich fernhalten oder ihre Bearbeitung delegieren, damit ich wirklich hier sein kann und nicht mit einem Teil meiner Person und meiner Zeit zusätzlich in einem anderen Feld agieren muß?
- Wie habe ich den Prozeß meiner professionellen Weiterbildung und Weiterentwicklung organisiert? Wie stimmen die Inhalte überein mit dem, was ich in mir und an mir in der Leitungssituation erlebe? Welche persönlichen Fragen und Probleme sollte ich in diesem Zusammenhang einmal intensiver anschauen?
- Wie sieht die Balance von „neuen" und „alten" Themen meiner Arbeitsinhalte aus?
- Wie sah die Mischung an „einfachen" und „komplexen" Themen und Teilnehmerkreisen in den letzten Monaten aus?
- Wo bin ich überfordert, wo unterfordert?
- Wo kann ich „nur" Teilnehmer sein, mich leiten lassen? Wie fühle ich mich dabei?
- Welche Reaktionen löst bei meinem Lebenspartner mein Kontakt mit vielen Menschen, auch des anderen Geschlechts, aus? Wie gehe ich mit Sexualität und Erotik um? Wie sprechen wir über diese Fragen?
- Mit wem kann ich offen und unbelastet über Dinge sprechen, die mir Mühe machen und Probleme bereiten?
- Wieviel Zeit habe ich für mich, in der ich tun und lassen kann, was ich will? Oder bleibt auf meinem Zeitkonto zuwenig für mich übrig, wenn die Familie oder der Lebenspartner, der Arbeitgeber, die Teilnehmer und andere „Gläubiger" ihren Anteil kassiert haben?
- Welche Rolle spielt das Thema Ernährung oder Sport für mich?

- Wieviel Geld muß ich verdienen? Stimmt unter diesem Aspekt z. B. meine Auftragsliste? Sind darunter zu viele, die mich zwar brauchen, mich aber nicht angemessen bezahlen können? Was hole ich mir dort anstelle des Honorars?

Genug der Fragen. Sie sind nur ein Anstoß. Jeder kennt seine spezifischen Lücken und Stolpersteine und kann diese Fragen durch andere Erinnerungshilfen ersetzen, um nicht ein nächstes Mal in die gleiche Belastungssituation zu geraten. Und jeder weiß auch, daß der Graben zwischen dem guten Vorsatz und der Umsetzung ziemlich tief ist.

Noch ein kleines PS.: Eine wichtige Lernchance für den Leiter ist, dafür zu sorgen, immer wieder einmal Teilnehmer sein zu können. Woher sonst sollte er wissen, was Gruppenmitglieder hoffen, fürchten, phantasieren, was sie ärgert, freut, motiviert, ermüdet.

Zum hier skizzierten Leiterverständnis ist die TZI aus der Erlebnistherapie angeregt und hat sie entsprechend weiterentwickelt.

Nicht nur Leiter von Seminaren und Arbeitsteams, auch Lehrer und Therapeuten nehmen Abschied von ihrer Neutralität. Sie bringen sich mit ihrem Fachwissen und ihrer Person ein. Dabei läßt es sich gar nicht vermeiden, daß sie ein Teil des Prozesses sind und daß das Thema oder die Aufgabe für sie persönliche Relevanz hat.

TZI-Gruppenleiter sind keine Gurus. Sie überzeugen mit Echtheit und mit überlegter Offenheit, und nicht mit undurchdringlichen Mienen.

XVIII. Die Praxis soll es zeigen. TZI in Erwachsenenbildung, Beratung, Hochschule und Schule

„Beachte, was Du gesellschaftspolitisch tust, wenn Du was tust". (Ruth Cohn, 1986)

Die erstaunliche und fast selbstverständliche Wirksamkeit der dargestellten Methode läßt sich natürlich am sichersten in der Praxis erleben und überprüfen. Davon soll in den folgenden Berichten aus der Praxis so viel wie möglich eingefangen werden.

In ausschnitthafter Darstellung verschiedener Berufsfelder wollen wir uns hier auf die Anwendung von TZI in der Erwachsenenbildung und in der Beratung im Schul- und Hochschulbereich beschränken. In ihrer Unterschiedlichkeit wird die variable Anwendung der gleichen Methode sichtbar. Jedes Werkzeug – so auch TZI – muß für Zielgruppe, Ziele und Inhalte modifiziert werden: immer steht TZI als Arbeitsbeziehung auf der einen Seite und die Didaktik mit ihren eigenen Ansprüchen auf der anderen Seite. Einseitig ausgedrückt könnte man sagen, TZI bilde den Rahmen der fachlichen Ansprüche, aber TZI vertritt mit seinem philosophischen Hintergrund entgegen einer reinen Methode auch einen eigenen Inhalt, der jede Didaktik durchzieht.

Das „Fach", die Arbeitsaufgabe und die TZI lassen sich niemals voneinander trennen in nur Inhalte und nur Methode.

Die Praxisberichte werden darauf hinweisen, wie die Technik zum inhaltlichen Weg wird, wenn sie entsprechend angeboten wird.

1. TZI in der Erwachsenenbildung. Der Anfang setzt Zeichen: Gespräch über einen Seminarbeginn mit Beate von Busch

Barbara Langmaack: „Beate, Du arbeitest mit TZI in der Erwachsenenbildung und lehrst gleichzeitig, Gruppen mit TZI zu leiten.

Nun hattest Du Dich selbst in einem Kochkurs angemeldet. Außer der chinesischen Küche war ja sicher auch die Methode für Dich interessant, mit der gelehrt wurde. Erzähl doch mal von den Erfahrungen, die Du besonders am Anfang gemacht hast."

Beate von Busch, Ehe- und Lebensberaterin in Hannover und Lehrbeauftragte für TZI: „Nun ist es schon ein paar Wochen her, seitdem ich mit einer Schürze bewaffnet hinging, und Frau Wung, eine Chinesin, auch unschwer als Leiterin erkennen konnte.

Sie bat uns alle in eine Küche, sagte, wir sollten zu viert an einen Herd treten und stellte sich selbst vorne hin. Wir, nun schon mit umgebundenen Schürzen, hörten, was wir heute kochen würden, und wie sie sich alles gedacht habe. Wir guckten alle nach vorne zu ihr hin und ich bemühte mich, zu behalten, was sie sagte."

B. L.: „Da wird wohl eine ganz Menge in Dir vorgegangen sein! Und Du hättest gern was gesagt."

B. v. B.: „Ja, und ob: Wo bin ich hier nur hingeraten. Das ist ja wieder wie in der Schule. Ob ich's wohl richtig mache? Ich muß jetzt zuhören, sonst geht nachher gar nichts. Aber ich kann nicht richtig zuhören, weil hinter mir drei Männer stehen und ich so neugierig bin, wie die wohl mit Schürzen aussehen."

B. L.: „Was hat Dir denn bis hierhin schon gefehlt, wenn Du an eigene Kursanfänge mit den Möglichkeiten der TZI denkst?"

B. v. B.: „Weißt Du, zu Hause habe ich dann alles noch einmal Revue passieren lassen, was bis zu diesem Zeitpunkt war; bzw. was gefehlt hatte. Wir hatten uns einander überhaupt nicht vorgestellt und daher noch gar nicht angesehen und wahrgenommen. Und wir hatten uns gar keine Zeit genommen, um in der Küche heimisch zu werden, damit wir in ihr hantieren können. Wir wußten gar nichts voneinander, nicht einmal welche Wünsche jeder an das Erlernen der chinesischen Kochkunst hat und ob man schon Vorkenntnisse haben muß. Das alles hätte mir sehr geholfen, Unsicherheit zu verlieren und mich zu orientieren, auch darüber, mit wem ich hier wohl zusammenarbeiten könnte oder möchte, so daß wir uns ergänzen können. Das ging mir alles zu Hause erst durch den Kopf."

B. L.: „Ich bin gespannt, wie die Stunde weiterging."

B. v. B.: „Ich habe dann erst mal eine Frage gestellt, ich weiß nicht mehr was, um Zeit zu gewinnen. Und dann konnten wir uns die Portionen für die Zutaten abholen und es wurde eilig zwischen den Tischen und Herden. Ich dachte mir: Rennen tust Du nicht, das ist Dir zu dumm. Und reg Dich nicht auf, Du wolltest das ja mitmachen.

Zuhause, im ruhigen Nachdenken, fiel mir dann ein, wie folgerichtig es war, daß wir alle auf die Leiterin zentriert waren und so etwas wie Rivalität aufkam: ‚Wer ist hier am schnellsten, wer weiß am meisten!' Auch Trotz spürte ich bei mir und auch bei anderen."

B. L.: „Leiterzentriert nennt man das wohl."

B. v. B.: „Ja, wir hatten untereinander keine Kontakte knüpfen können, waren deshalb alle auf ‚sie da vorne' orientiert.
Im weiteren Verlauf hatte das Thema absoluten Vorrang, die Ichs wurden übersehen und für ein Wir wurde nichts getan. Ich fühlte mich in einem etwas ungewöhnlichen Globe, ohne daß ich es ansprechen konnte. Die Struktur war einfach nicht so, die war so frontal.

Dann wurde es fleißig im Raum. Die Schürzenmänner hinter mir hörte ich fachmännisch von Gewürzen reden, die ich gar nicht kannte.

Meine Mitköchin erklärte mir nochmal alles. Richtig Spaß machte es mir nicht, immer gleich die nächsten Schritte erklärt zu bekommen. Ich hätte gern selbst überlegt, mit den anderen in meiner Koje, wie wir es aufteilen wollen, wie wir ein bißchen eigene Verantwortung übernehmen. Aber das ging hier nicht und so benahm ich mich angepaßt und ging mit leichter Rebellion nach Hause."

B. L.: „So wäre es mir sicher auch gegangen, das verstehe ich gut. Ein bißchen mitgestalten und ausprobieren hätte mir bestimmt auch mehr Spaß gemacht. Für die anderen war es vielleicht ganz normal. Eben das, was sie aus ihrer Schulzeit noch gewöhnt sind."

B. v. B.: „Ja, da magst Du Recht haben, aber ich phantasiere einmal, wie es sein könnte, wie es mir besser gefallen würde:

Obwohl ich mich freiwillig angemeldet habe, muß ich nach einem langen Arbeitstag doch erstmal meine Unlust überwinden und hingehen zum ‚Chinesisch Kochen I'."

B. L.: „Das ging den anderen bestimmt auch nicht anders."

B. v. B.: „Ich phantasiere weiter, wie es sein könnte:

Als ich an der Tür freundlich von Frau Wung begrüßt werde, verfliegt die Unlust schon und als wir uns dann erst einmal an den Tisch setzen, an dem wir auch essen werden und alle ihren Namen nennen und ihr spezielles Anliegen an diesen Kurs, da wird meine Neugierde geweckt. Einige wollen neue kleine Ideen fürs tägliche Kochen, so wie ich, andere wollen interessante Rezepte oder schöne Zusammenstellungen. Frau Wung geht auf die Wünsche ein und ich merke, hier ist Platz für ein individuelles Lernen!

An einen langen Arbeitstag denke ich nun schon nicht mehr, zumal die Fremden nicht mehr so fremd sind, ich kenne ihre Namen, ihre Anliegen, ihre Stimme und ihre Gesichter. Als wir anschließend die Küche selber in Augenschein nehmen können, ‚lande' ich noch ein Stück mehr: in alle Schubladen hineinsehen, Gasherd – ich habe elektrisch, das muß ich mir zeigen lassen – Maschinen, und wir kommen auch schon ins Gespräch miteinander.

Meine anfängliche Besorgnis, ich könnte hier etwas nicht können, mich ‚dumm anstellen', entspannt sich. Ich darf hier Anfängerin für chinesische Gerichte sein, im übrigen aber sind wir Erwachsene, die an Zusammenarbeit interessiert sind und für den technischen Bereich nur kleine Hilfen brauchen, um sich selbst zu organisieren.

Wir lassen uns anleiten, was die fremden Gerichte angeht, leiten uns aber darüber hinaus selbst. Das entlastet alle, Frau Wung und die Teilnehmer."

B. L.: „Ja, ich habe herausgehört, daß Deine Neugierde geweckt wurde, Deine Unlust verflog, als Du persönlich angesprochen wurdest, und Du Interesse an den anderen fandest, als diese ihre Namen und ihre Anliegen sagten, als Du merktest, hier wird niemand über den gleichen Kamm geschoren, kann ganz er selber bleiben und doch etwas Gemeinsames tun, und nicht zuletzt hast Du Lust an weiteren Schritten gewonnen, als Du feststelltest, daß Du Lernende sein kannst, ohne zum Schulkind gemacht zu werden. So also hättest Du Dir die soziale Vorbereitung fürs eigentliche Kochen gewünscht."

B. v. B.: „Ja, das Interesse am Thema ‚Chinesisch Kochen' hatten wir ja mitgebracht. Zu erfahren, welches spezielle Unterthema jeder hatte, hätte auch mehr Interesse an den Personen geweckt. Schließlich waren wir ja mehrere Abende zusammen und würden jedesmal zusammen essen. Da will man sich ja nicht so fremd bleiben. Oft hört man: ‚Verschwendete Zeit, dieses sich Kennenlernen, und das nur für ein paar Abende. Da wollen wir lieber gleich zur Sache kommen'."

B. L.: „Erwachsenenbildung ist eben nicht nur Sache, wie auch Schule nicht nur Lernstoff ist. Keiner kommt letztendlich nur wegen der chinesischen Gerichte, auch wenn ihm das nicht so bewußt ist. Und wenn er zunächst nur wegen chinesischer Gerichte käme? Du hast mir ja eindrücklich erzählt, wie abgelenkt, unsicher und ohne Lust Du warst, als Du Dich so schnell und ausschließlich auf die Sache beschränken mußtest. Das ging den anderen bestimmt auch so."

B. v. B.: „Von Anfang an im Dreieck hin und hergehen, das Umfeld beachten und gestalten, das ist eigenlich der Schlüssel für ein gutes Lernklima im ganzen Verlauf."

Hier endet das Gespräch über den konkreten Anfang, der seinerseits meist noch einen Vorlauf hat.

> „Der Anfang steht nicht am Anfang. Zwischen Wollen und Tun hockt die Furcht, breitet sich aus, Hürden werden sichtbar, Fesseln binden die Hände, Angeln halten Füße.
>
> Anfangen wollen, erfordert Mut und Selbstvertrauen und Vorsicht, eine nicht leichte Aufgabe für den Menschen, der so oft mutlos gemacht wurde, dessen Vertrauen zu sich und anderen schwankt, der vorsichtshalber mancherlei Strategien entwickelt hat, um Enttäuschungen zu entgehen. Anfangen heißt auch, einen ungewissen Schritt in die Zukunft wagen, Veränderungen schaffen oder zulassen und Konsequenzen tragen." (Anita Ockel, TZI-Lehrende und Analytikerin, „Abenteuer" 1978)

Jeder Anfang erfordert Mut und Selbstvertrauen und vor allem Umsicht vom Leiter und von den Teilnehmern. Es ist immer ein Schritt in eine neue ungewisse Zukunft – für alle.

„Die Seele geht zu Fuß", sagt ein arabisches Sprichwort, und wenn wir nicht nur Stoff vermitteln wollen, sondern ganzheitlich lernen und arbeiten, dann bedarf es am Anfang ausreichender Zeit und einer guten Struktur, damit wirklich auch die Seelen ankommen können, und nicht nur Köpfe und Körper da sind.

Das Tempo der Teilnehmer kann obendrein sehr unterschiedlich sein, sie müssen sich auch miteinander einpendeln in ihre Ich-Wir-Themen-Balance. Für viele Teilnehmer ist ganzheitliches Lernen Neuland. Sie sind gewöhnt und geübt, schnell zur Sache zu kommen, während andere lange auf ihrem Beobachtungsstuhl sitzen und wieder andere – wie auch unsere Gesprächspartnerin hier – zunächst einmal persönlichen Kontakt knüpfen möchten.

Schon hier, beim Beginn eines Seminars, sollten wir auch sein Ende mit im Auge haben. Wenn das Ende nicht Zufall sein soll, so führen wir auf dem gleichen Weg, auf dem wir hereingekommen sind, auch wieder heraus:

- wir schließen die Themen ab;
- wir lösen uns vom Wir;
- wir verabschieden uns aus dieser Gruppe, in den individuellen Alltag jedes einzelnen.

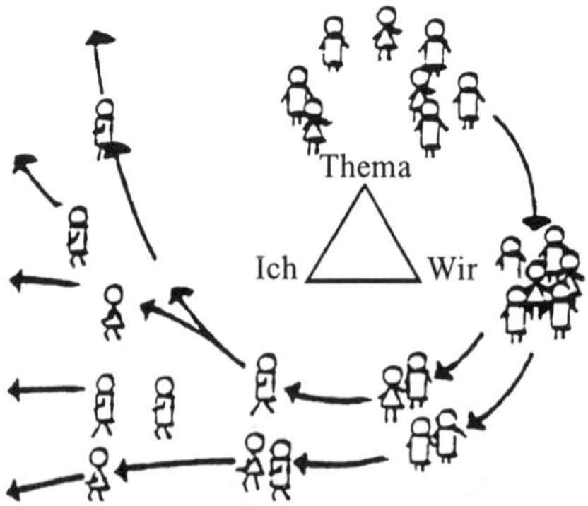

Abb. 19 Der Weg aus dem Seminar

Mit dem inneren Ankommen steht und fällt der Start ins lebendige Lernen. Gelingt dieses nicht, so wird kaum mehr als Pseudointeresse an Menschen und Themen gezeigt werden können, die Person in ihrer Ganzheit hängt woanders.

An jedem Anfang gibt es zwei Stimmen in mir als Teilnehmer und Leiter. Die eine ist neugierig, freut sich auf andere Menschen, nimmt sich vor, diesmal etwas Neues zu versuchen. Die andere sucht erstmal festen Grund, von dem aus tastend ein Schritt nach vorne gemacht werden kann und will nicht zu schnell verändern. Im Zwiespalt des Beginns hat meistens die zweite Stimme die Oberhand. Doch die andere wartet nur auf ihre Chance und auf Verstärkung.

Die Anfangssitzungen einer neuen Gruppe stehen mehr oder minder stark im Schatten von Unsicherheit und Angst. Was darf ich hier, was nicht? Was „tut“ man hier? Kann ich meine Wünsche durchsetzen? Was wird von mir gefordert an Wissen und Verhalten? Werde ich hier auch nicht bloßgestellt? Die einen reagieren die Anfangserregung eher innerlich ab mit Herzklopfen, Muskelverspannung, Magengrummeln. Andere kompensieren sie durch erhöhte Aktivität nach außen, reden eher zu viel und zu schnell. Wir akzeptieren die Anfangsangst, wie immer sie sich ausdrückt, als eine Realität und begegnen ihr als etwas, das dazugehört und von dem wir auch als Leiter nicht frei sind, das aber nicht so bleiben muß und schon gar nicht verstärkt werden sollte, z. B. durch zu wenig Transparenz oder ein unangemessenes Tempo.

Wir sind in der TZI am raschen Abbau der Angst interessiert und begegnen ihr mit Strukturen, die es Teilnehmern ermöglichen, Informationen zu erhalten zu Personen, zu Erwartungen, zu Möglichkeiten und Grenzen. Wir verabreden Kommunikationsregeln, die eine akzeptierende Atmosphäre schaffen, in der niemand Teile seiner Persönlichkeit abspalten muß.

Mit Kritik und Wertung gehen wir zu Anfang möglichst sparsam um und schützen auch die Teilnehmer untereinander davor. Ist auf diese Art ein Boden des Vertrauens geschaffen, so können auch bald schwierige Fragen gestellt werden, Tabu-Themen angesprochen werden, die in einem Umfeld, in dem nur die Sache gilt und in der negative Kritik an der Tagesordnung ist, nicht zur Sprache kommen können.

Auch wenn es zunächst unverständlich oder sogar überflüssig erscheint, nichts hilft so gut und so schnell zum Arbeiten an der Sache wie ein guter Anfangsprozeß auf der persönlichen und auf der interaktionellen Ebene.

Die paradox klingende Aussage, „Wenn Du wenig Zeit hast, so nimm dir am Anfang viel davon", erweist sich in TZI-Seminaren als richtig: es sind ja meist nicht so sehr die Themen, die später blockieren, sondern die Beziehungen zwischen den Personen.

In TZI-Seminaren stellt der Wechsel von frontalen Unterrichtsmethoden zu den Prinzipien des Lebendigen Lernens, zu Eigenverantwortung und Beteiligtsein eines der wichtigsten Lernangebote dar. Hierfür werden die Weichen am Anfang gestellt.

2. *TZI in der Beratung*

Wie in der klassischen Analyse bilden auch in der Ehe- und Lebensberatung die tiefenpsychologischen Theorien und Denkmodelle den Hintergrund für die Praxisschritte, mit deren Hilfe aktuelle innerpsychische sowie soziale Konflikte und damit verbundene Leiden ihre Bearbeitung finden. Das Konzept basiert auf der Annahme, daß alle Vorgänge, die sich im „Hier" der Situation und im „Jetzt" des gegenwärtigen Zeitpunkts ereignen, im Sinne eines Kausalzusammenhangs ihre Ursachen und Wegbereiter in früheren Erlebnissen und in den dabei gemachten Erfahrungen erhalten haben: die primären Prägungen bleiben ausschlaggebend, sie werden in der Beratung durchgearbeitet und neu bewertet.

Aus der „Hier-und-Jetzt"-Situation der aktuellen Problematik schauen wir ins „Dort und Damals" der Vergangenheit, beleben die alten Themen neu, arbeiten sie durch und setzen sie in Beziehung zu gegenwärtigem Erleben. Für die Ebene des „Da und Später" der Zukunft entwerfen wir Modelle der Verhaltensänderung, bereiten den Weg dahin vor und unterstützen die ersten Schritte.

Dieser Dreischritt, den wir auch beim Leiten von Themen in Seminaren zur Persönlichkeitsentwicklung anwenden und dort ausführlich vorgestellt haben, bildet auch die Grundlage der Beratungspraxis, wenn ich mit dem TZI-Konzept arbeite.

Die lebensbedingten Themen so mit einzubeziehen, daß die Jetzt-Situation aus dem Zusammenhang heraus verstanden werden kann, ohne jedoch die Vergangenheit im Sinne einer Analyse aufzuarbeiten, ist Gegenstand und Ziel von Beratung.

Anders als im Vorfeld einer Therapie hat der Beratungsklient in aller Regel klarere, genauer abgegrenzte und beschreibbare Anliegen und Probleme, an denen er arbeiten will:

- „Mein Mann ist vor einem Jahr gestorben. Alle sagen, ich solle doch jetzt das Beste aus meinem Alleinsein machen. Aber ich möchte eigentlich selbst herausfinden, ob es nicht noch was anderes gibt, als ‚Das Beste draus machen'."
- „Es geht mir eigentlich gut. Ich bin gern in meinem Beruf und die Schwierigkeiten mit meinen Eltern, damals, als ich ausziehen wollte, liegen zum Glück auch hinter uns. Nur mit einem richtigen Freund will es nicht so klappen. Meist sitze ich allein zu Haus."
- „Ich bin Floristin und arbeite in einem Geschäft in der Innenstadt. Mein Freund ist auch Gärtner, der ist selbständig. Das schwebt mir auch schon lange vor, aber ich bekomme es irgendwie nicht richtig hin. Ich möchte wissen, was mir fehlt!"

So schildern Klienten die Situation, in der sie stehen und die Problematik, für die sie Hilfe suchen.

Ist die Situation einmal geschildert und thematisiert, so kann die Arbeit beginnen im Sinne des vorne geschilderten Dreischritts vom

Hier und Jetzt der Gegenwart;
zum Dort und Damals der Vergangenheit;
zum Da und Später der Zukunft.

Es wird Kontakt gesucht zu den vermeintlichen Schattenseiten und ungeliebten Eigenschaften der eigenen Persönlichkeit, um sich mit ihnen auseinanderzusetzen, sie evtl. anders einzuschätzen und zu nutzen.

Es geht darum, Einsichten zu verschaffen in Zusammenhänge zwischen aktuellen Erlebnissen, speziell Versagenserlebnissen, und alten Erfahrungen.

Es geht dann darum, Handlungsentwürfe für die Zukunft zu entwickeln, die aus den konflikthaften Situationen herausführen und andere Perspektiven aufzeigen.

Kein konfliktauflösendes Verhalten steht isoliert da. Wir kennen alle das Bild vom Kind, das in den Brunnen gefallen ist. Ähnlich wie dieses Kind erstmal den Weg zum Brunnen zurückgelegt haben muß, haben auch Konflikte zwischen Menschen und Problemsituationen einzelner ihre Pfade hin zum Brunnen. Menschen, die Beratung suchen, fühlen sich schmerzlich darauf hingewiesen, daß in ihrem Leben etwas nicht stimmt, angestoßen meist aus einem Konflikt in ihrem Inneren (Ich-Konflikt) oder aus Unzufriedenheit mit ihrer Stellung und Interaktion im sozialen Umfeld (Wir-Konflikt). Bei näherem Hinschauen ist dann meist beides ineinander verzahnt. Natürlich ist damit auch die Frage nach dem Sinn des Lebens, der Wunsch nach einer inneren Orientierung verbunden (Themen-Konflikt). Viktor Frankl weist darauf hin, daß der Verlust von Sinnorientierung eine der Hauptquellen psychischen Leidens ist. Diese Sinnlosigkeit kann oft nur sehr indifferent ausgedrückt werden. Ist aber erstmal ein Thema daraus formuliert – und dabei kann die Beratung Hilfestellung leisten –, so ist der erste Schritt aus dem unverstandenen und ängstigenden Dunkel des Sich-selbst-nicht-Verstehens getan. Meist entdecken dann Klient und Berater schnell, daß es sich bei der individuellen Problematik keineswegs nur um ein isoliertes Einzelschicksal handelt, sondern daß der persönliche Aspekt des Problems durchaus auch einen gesellschaftlichen und politischen Aspekt hat.

So gesehen ist es kein Einzelschicksal, daß jemand es nicht schafft, ein befriedigendes Leben und Zusammenleben mit anderen zu gestalten. Es ist ein globales Thema über den einzelnen hinaus. Es sind die sogenannten Verhältnisse, das Geschehen im Umfeld, welches diese individuelle Situation mit ausgelöst hat.

Ein Beratungsanlaß hat immer *vier* Dimensionen:

- Das Gefühl der eigenen Unzulänglichkeit, das spürbare Leiden, oft ja auch an Körper und Seele, der Wunsch nach Entfaltung ist die *Ich-Seite* der Problematik, die die Frage stellt: „Wer bin ich und wie lebe ich?“
- Die Defizite und Unzulänglichkeiten im sozialen Umfeld sind die *Wir-Seite* der Problematik. Sie fragt nach der Gestaltung des Zusammenlebens.
- Das Leiden an Sinn- und Orientierungslosigkeit zeigt die *Themen-Seite* der Problematik auf. Sie fragt nach dem „Warum“ der Zusammenhänge. Sie fragt auch: „Was soll ich tun,

womit will ich mich beschäftigen, welches kann mein Beitrag in der Gesellschaft sein"?
- Die vierte Dimension ist die des *Umfeldes.*

Jeder ist aus seiner subjektiven Sicht der Mittelpunkt dieses Umfeldes und gleichzeitig ist er ein Teil von ihm. In diesem Kräftefeld, einmal stärker, einmal schwächer, stellen sich die Fragen nach der Bewertung und Einschätzung besonders des Handelns, es stellt sich auch die Frage, welchen persönlichen Anliegen und welchen sozialen Kontakten wir den Vorrang geben, welche wir auch bekämpfen.

Dieses Dreieck mit seinen Fragen an den entsprechenden Eckpunkten bildet eine diagnostische Leitlinie und wird später auch den Lösungsweg begleiten, in dem es den Kausalzusammenhang aufzeigt.

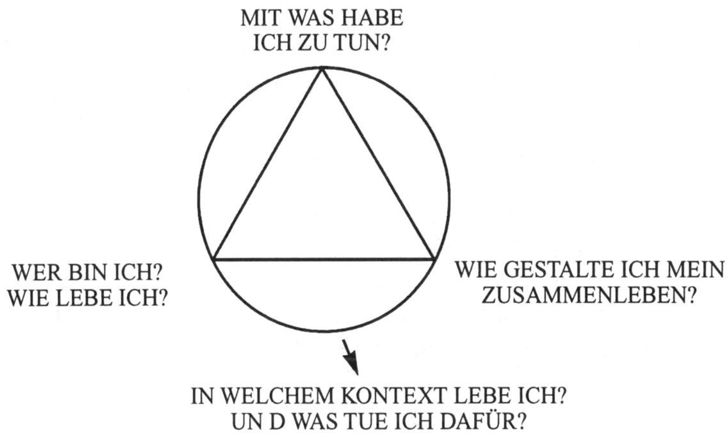

Abb. 20 TZI-Dreieck als diagnostische Leitlinie

Während mich also der Klient in den ersten Gesprächen hinführt zum Anlaß seines Beratungswunsches, habe ich das Dreieck der TZI vor meinem inneren Auge und bin aufmerksam gespannt, wie er sich eingerichtet hat zwischen Ich, Wir und Thema und wie seine Beziehungen zur Umwelt aussehen. Ich gehe also im Dreieck hin und her, während ich ihm zuhöre; auch meine ersten Interventionen richte ich darauf aus, mehr Klarheit zu bekommen, wie die Ich-, Wir- und Themenbereiche mit Leben gefüllt sind bzw. brach liegen:

- Auf der *Ich-Ebene* wird er sich als Person subjektiv spüren. Wie sorgt er für seine Wünsche und Bedürfnisse? Was fängt er mit sich allein an? Wie sorgt er für sich und seinen eigenen Lebensraum? Wie kommt er mit sich selbst zurecht?
- Weitergehend auf die *Wir-Ebene* habe ich wieder meine noch unausgesprochenen Fragen: Wie grenzt er sich und seinen eigenen Raum gegen andere ab und wie nimmt er Kontakt auf? In welchen Gruppierungen lebt er und wie steht's mit dem Sowohl-als-auch von Individualität und Integration? Wie gibt er sich ein ohne sich aufzugeben? Ein eindrucksvolles Bild geben hier meist Schilderungen aus Gruppierungen aus Arbeits- und Freizeitbereich.
- Und weitergehend auf die *Ebene des Themas:* Welches sind die Themen und Inhalte, mit denen er sich befaßt, die ihn fesseln, die er entwickelt und welche davon teilt er mit anderen als eine Themenverbundenheit? Sind die Sach- und Gedankeninhalte seiner Person und seinem Alter entsprechend und welche Werte bestimmen sein Denken und Handeln?
- Auch die Kreisbewegung um das Dreieck, *den Globe*, habe ich mit im Auge: Wie nimmt er die Geschehnisse um sich herum wahr und wie nimmt er daran teil? Wie läßt er z. B. kulturelle und politische Ereignisse auf sich wirken und welches ist sein Beitrag an denselben?

So bekomme ich bald einen Überblick, welche Bereiche in der aktuellen Situation bei ihm ganz brach liegen oder wenig Beachtung finden, ob das schon immer so war und zu seiner Persönlichkeitsstruktur gehört oder ob hier ein Mangelbereich nach Veränderung ruft.

Es wäre nämlich zu einfach, eine möglichst ausgewogene Balance von Ich-Wir- und Thema-Beteiligung für jeden gleich vor Augen zu haben. Nicht alle Menschen haben die gleichen Bedürfnisse an die jeweiligen Schwerpunkte. Lebensqualität und seelische Gesundheit kann nur dann als solche wahrgenommen werden, wenn die Ich-Wir-Themen-Anteile individuell auf diese Person abgestimmt sind.

Wir müssen davon ausgehen, daß Menschen ihr Leben nach unterschiedlichen Grundmustern gestalten und daß sie von daher auch unterschiedlichen Mangelerlebnissen ausgesetzt sind.

Fritz Riemann hat uns in seinem Werk „Grundformen der Angst" (1961) Persönlichkeitsstrukturen und die sich daraus ergebenen Grundstrebungen menschlichen Verhaltens dargestellt und sich dabei vorwiegend auf die vorne genannten psychoanalytischen Kenntnisse und Erfahrungen bezogen. Diese sollen Menschen und ihr Verhalten nicht festschreiben. Sie können dagegen als Ausgangspunkt gesehen werden für eine Nachentwicklung vernachlässigter Teilaspekte, die sich zugunsten einer Ganzheitlichkeit abrunden und vervollständigen wollen.

Hier trifft das Riemannsche Modell mit dem Gedanken vom ganzheitlichen Menschen der TZI, aus der humanistischen Psychologie abgeleitet und bewertet, zusammen.

Die vier Grundstrebungen, von denen Riemann spricht und die die Gesamtpersönlichkeit darstellen, lassen sich in zwei polaren Spannungsverhältnissen ausdrücken:

Dem Grundstreben nach Distanz steht das nach Nähe gegenüber, dem Grundstreben nach ordnenden, dauerhaften Strukturen des nach Wandel und Veränderung.

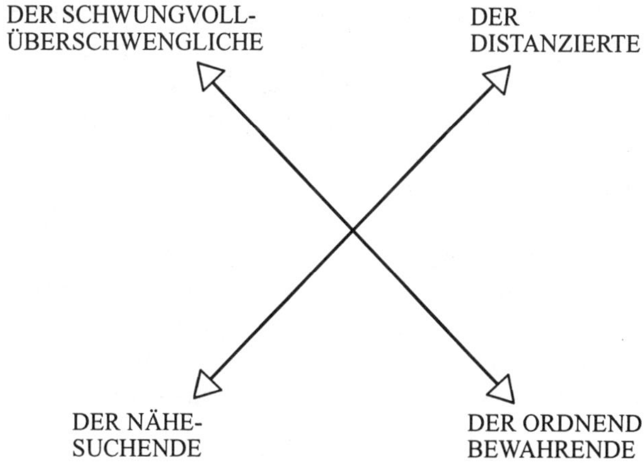

Abb. 21 Grundtendenzen menschlichen Handelns

Es hat der Mensch also grundsätzlich immer vier Möglichkeiten, in einer Lebenssituation zu handeln bzw. auf einen Impuls zu reagieren. Er wird aus diesen vier Möglichkeiten jeweils eine als seine bevorzugte einsetzen und durch die anderen ergänzen. So entsteht ein mehr oder weniger ausbalanciertes „Mischungsverhältnis“.

Jede Persönlichkeit gewinnt ihr eigenes Profil dadurch, daß eine der Grundstrebungen besonders ausgeprägt, eine andere vielleicht unterrepräsentiert ist. Hat sich ein Profil allerdings extrem verschoben, so erlangt es Züge, die Probleme machen, zumindest die Kommunikation erschweren. Ist bei jemandem eine Grundstruktur besonders ausgeprägt, so neigt er dazu, in bestimmten Situationen leichter in Krisen zu geraten als jemand, bei dem die Durchmischung der Grundelemente für einen besseren inneren Ausgleich sorgt. Insofern hilft die Kenntnis dieser Grundelemente auch, eine aus dem Lot geratene Dreicksbalance frühzeitig zu erkennen.

So wird ein Mensch, der von seiner Grundstruktur her ein größeres Maß an Nähe sucht und diese auch geben will, eher in eine Krise geraten, wenn er Wir-Defizite hinnehmen muß, als ein distanzierter Mensch, dem es so viel wichtiger erscheint, für sein eigenes Ich und seine eigenen Themen genügend Raum zu haben und sie vor anderen zu schützen. Dieser gerät in Panik, wenn er zuviel „Wir“ aushalten muß, sei es durch zuwenig Abgrenzungsmöglichkeit im Privatbereich oder zu viel Gruppenarbeit im Berufsalltag. Das Leben im „Wir“ kostet ihn die Kräfte, die es dem Nähesuchenden bringt. Wo also der eine durch das Fehlen eines ausgedehnten sozialen Umfeldes in ein Defizit gerät, fühlt der andere sich in seiner Individualität bedroht.

Der vorwiegend ordnungsbewahrende Mensch kommt dagegen ohne Sachaufgabe, ohne klare Themenstellung und ohne eine übersichtliche Struktur dieser Themen gar nicht aus. Der Sach/Themen-Aspekt ist für ihn der wichtigste Punkt im Dreieck. In allen Wir-Gruppierungen übernimmt er gern die Verantwortung für die Aufgabe und hat, was den Ich-Aspekt angeht, eigentlich nur dann Probleme, wenn ihm seine Sachaufgaben genommen werden.

Wir erleben noch einen vierten Typ in Beratungssituationen, den schwungvoll-überschwenglichen, der meist so viele Themen anbietet, daß man nicht weiß, wo man beginnen soll, der sich aber am liebsten selbst zum Thema macht. Für ihn sind viele Kontakte wichtig und anregend, er leidet unter Wir-Defiziten, kann sie aber schlecht dauerhaft gestalten.

So nimmt das Einbeziehen des Dreieckmodells einen wichtigen diagnostischen Wert ein und hilft darüber hinaus zu einem Erkennen und Aufarbeiten von Defiziten, die auf die Person abgestimmt sind.

Oft sind Menschen schon von Kindheit an in einem der Dreiecksaspekte unterversorgt oder einseitig verwöhnt. Das ist natürlich auch abhängig vom Familien- und Kulturkreis.

In Japan z. B. wird weit mehr Wert auf das Einordnen als auf den Individualausdruck gelegt. Die benötigte Sozialkompetenz ist eine ganz andere als bei uns. Der einzelne zählt weniger, die Institution mehr. Sicher würde die Dreiecksbalance anders bewertet werden und das Chairperson-Postulat bzw. die „Sprich-per-Ich"-Regel jeweils anders definiert werden müssen. Störungen hätten andere Ursachen und würden anders als solche erlebt. Für unseren Kulturraum hingegen können wohl die genannten Zusammenhänge gelten. So gilt dieses Typenmodell nur bedingt.

In aller Regel verfolgt der Ablauf der Beratung einen Interventionsaufbau, der den Weg zu Nah- und Fernzielen beschreitet. Diesen Weg verfolge ich auch, wenn ich mit TZI-Elementen arbeite.

Es beginnt mit einem ersten Aufeinanderzugehen sich noch fremder Menschen. Nicht nur der Klient, auch der Berater ist etwas ängstlich und beklommen. Vielleicht könnte es ihm gelingen, das Neue der Situation für beide zu thematisieren und damit ein erstes Angebot an Beziehung zu schaffen.

Das erste Thema ist das Kennenlernen. Aus Ich und Du wird ein Arbeits-Wir auf Zeit, welches die Probleme des Klienten zum Thema haben wird.

Ohne diese Beziehungsgrundlage kann kein Klient sein Problem lösen und kein Berater ihm dabei behilflich sein. Dieses Beziehungsangebot wird zu Anfang thematisiert und auf die Beratungssituation beschränkt. Der Klient soll von Anfang an spüren, daß er als Mensch mit einem Problemthema und nicht als Problem vor mir sitzt.

Dem diagnostischen Gespräch und einem ersten Nachspüren der dreiecksbezogenen Defizite folgt nun die Problembenennung, die dem Prozeß der Themenfindung und der Formulierung gleicht. Es ist eine oft langwierige, kreative Arbeit und bereits ein Teil der Klärung und Lösung.

Der Leiter von Gruppen formuliert und verantwortet das Thema gewöhnlich allein. In der Beratung dagegen formulieren Klient und Berater gemeinsam, bis der Klient sich seinem Problem als Thema gegenübergestellt sieht. Damit haben wir den Ansatz für weitere Schritte.

In dem Beispiel der kürzlich verwitweten Frau wäre es die Konfrontation mit ihrem Alleinsein nach langem, befriedigendem Zusammenleben. Auch die Kinderlosigkeit würde noch einmal thematisiert und das „Ersatzprogramm", das andere ihr aufzwängen wollen.

Sie wird für alle Dreiecksaspekte eine Neugestaltung finden müssen, auf der sozialen Ebene und im Umgang mit sich selbst wird sie neue Themen suchen müssen oder weit zurückliegende neu beleben. „Was könnte ich als ganz Eigenes probieren, wo hätte ich Freude dran, was würde mich in dem Maß fordern, welches ich jetzt möchte und kann. Es soll meins sein und mir nicht von anderen empfohlen." So könnten die Konsequenzen der Überlegungen heißen.

Im Fall der jungen Frau, die einen „richtigen" Freund sucht und meist allein sitzt, geht es wohl in erster Linie um das Ich-Du einer direkten Beziehung, um den Wunsch nach und die Furcht vor Intimität. Warum sie so wenig Wir-Kontakte hat, ob sie solche wirklich will und mit welchen ihrer eigenen Themen das unter Umständen zusammenhängt, wäre eine weitere Frage.

Mit diesen Beispielen wird deutlich, wie das Dreieckskonzept über den diagnostischen Aspekt hinaus Leitfaden für Lösungswege wird.

Nicht selten spielt zusätzlich der Globe eine entscheidende Rolle in der Problemlösung:

Die junge Floristin trennte sich von dem Gedanken an ein eigenes Geschäft, nachdem sie sich über Finanzierungsmöglichkeiten informiert hatte, also den Globe realistisch in Augenschein genommen hatte. Das Risiko des freien Marktes wollte sie nicht auf sich nehmen: „Da bin ich nicht der richtige Typ – so viel Schulden". Sie hatte nun verstanden, warum sie mit ihrem Wunsch nach Selbständigkeit in der Idee stecken blieb.

Den großen Wunsch nach selbständigem, mitbestimmendem Arbeiten wollte sie dagegen nicht aufgeben und entschied sich im Rahmen der neu abgesteckten Möglichkeiten für eine Geschäftsführung, in der sie relativ selbständig sein konnte. Sie hatte es gelernt, nach innen und nach außen zu schauen und sich erst danach zu entscheiden, ein Weg, zu dem das Chairman-Postulat hilft. Der Fachausdruck „Chairperson" ist bei ihr und bei den anderen Klienten nicht gefallen, aber alle haben verstanden, um welchen Selbstfindungsprozeß es bei ihnen geht.

Je besser es, auch auf dem Weg der Beratung, den Menschen gelingt, mehr über sich selbst zu erfahren, um so gezielter werden sie für ihre Dreiecksbalance Sorge tragen.

Je mehr das Wechselspiel des Abwägens eigener Wünsche gegen die der anderen und gegen die tatsächlichen Möglichkeiten geübt wird, umso näher ist der Klient seiner Problemlösung. Er wird zwar nicht das phantasierte Allmachtsgefühl einer selbständigen Kauffrau haben, wie unsere Floristin es sich wünschte,die potentielle Selbständigkeit und Einflußnahme einer Geschäftsführung wird aber vor dem Ohnmachtsgefühl bewahren, das in der Problemsituation nicht losläßt.

Jede Form von Beratungsarbeit muß eine Balance finden zwischen Abstinenz und Einmischung des Beraters. Durch das Einbeziehen von TZI-Elementen nimmt die Abstinenz ab, ohne gleich der Einmischung Raum zu geben. Beratungsarbeit mit TZI-Elementen ist konkreter, thematisierender, deutlicher strukturiert als die Technik des analytischen Konzeptes, bei dem die Aktivität des Sprechens mehr beim Klienten liegt denn beim Therapeuten und bei dem die Beziehungsebene der beiden wesentlich weniger als Wechselbeziehung angesprochen wird.

Hier wie da hängt es letztlich von der Situation und von der Beziehung ab, ob therapeutische Abstinenz notwendig ist, oder ob es dem Prozeß und der Person besser hilft, wenn auch der Berater mitteilt, an welcher Stelle und wie ihn selbst der thematische Inhalt tangiert. Es gibt kein Allheilmittel für jeden Fall.

Dieser Text könnte dazu verleiten, eine TZI-Ausbildung mit einer Befähigung zur Beratung gleichzusetzen. Mit TZI als Handwerkszeug kann ich Gruppen leiten und Arbeitsteams begleiten. Professionelle Berater dagegen brauchen wie alle Berufsgruppen Fachwissen. TZI ersetzt nicht die dort erlernten Theorien und die dort erworbenen Fähigkeiten. TZI allein hilft in keinem Berufsfeld, innerpsychische Prozesse zu verstehen und psychosoziale Probleme nachzuvollziehen.

- TZI ist methodisch gesehen das „Brillengestell“, in das die Brillengläser des jeweiligen Fachwissens eingesetzt werden.
- TZI bestimmt das Menschenbild mit, das der Zielvorstellung zugrunde liegt.
- Nicht zuletzt prägt TZI den Berater und seinen Stil. Er ist analog dem Seminarleiter mit seiner Persönlichkeit, mit seinem Tun und Sein ein wesentlicher Vermittler seiner Botschaft.

3. TZI an der Hochschule. Gegen die akademische Trockenheit

Ein Beitrag von Renate Mann und Konrad Thomas (gekürzt)

A. TZI als Prinzip

TZI auf das „Sachenlernen“ an Universitäten bezogen, hat wenig Chancen, wenn man übliche TZI-Kurse zum Modell nimmt. Wenn man sich aber auf einige Prinzipien bezieht, besonders die Bedeutung des „Ich“ (gerade auch in bezug auf den Hochschullehrer) und der „Störungen“, die unterdrückt werden, solange kein offenes Frage-Klima herrscht, läßt sich einiges machen.

Viele Gespräche unter Kollegen und Studenten weisen darauf hin, daß generell die Lehr/Lernsituation an den Hochschulen alles andere als erfreulich ist. Dieser Eindruck ist zu spezifizieren: Manche Situationen werden als menschlich unangenehm empfunden, aber es wird immerhin etwas gelernt. Andere Situationen mögen von den Beteiligten als angenehm erlebt werden, aber sie bleiben für den Lernprozeß erfolglos. Schlimmstenfalls sind Lehr/Lernsituationen unerfreulich, weil sie unangenehm sind und noch nicht einmal etwas gelernt wird. Eine erstrebenswerte Alternative wäre wohl: unter als konstruktiv erlebten Bedingungen möglichst viel zu lernen.

Läßt sich eine derartige Alternative realisieren und welchen Beitrag kann die TZI leisten, unter angenehmen Bedingungen optimal zu lernen? TZI läßt sich u. E. als gruppenpädagogisches Verfahren verstehen. Dies erscheint uns insbesondere für den Fall plausibel zu sein, wenn es darum geht, pädagogische Methoden in Seminaren zu vermitteln. Es wäre in der Tat wünschenswert, wenn dies nicht in der „hochschulüblichen" Weise geschähe, ein Referat über „das" Buch von Ruth Cohn zu halten. Und es liegt nahe, derartige Seminare möglichst ähnlich den Will-Kursen anzulegen. Der unschätzbare Vorteil ist gewiß der, daß mehr menschliche Nähe entsteht und alle Beteiligten erfahren, wie sehr dies ihren Lernprozeß fördern kann.

Wie verhält es sich nun aber mit Seminaren über Mineralogie, Theoretische Mechanik oder über Kants Kritik der reinen Vernunft? Und mit Studenten, die an der Sache und nicht an der pädagogischen Vermittlung interessiert sind? An der Hochschule zählt nun mal hochkarätiges Sachlernen; menschliche Nähe scheint da in der Regel wenig gefragt. Und hier, so meinen wir, beginnt die eigentliche Herausforderung an TZI, hier muß sich TZI unter Bedingungen, die wenig mit den Gruppentreffs anderer TZI-Kurse gemeinsam haben, beweisen. Nicht jedes Hochschulseminar läßt sich umfunktionieren, läßt Blockseminare außerhalb der kahlen, abstoßenden Universitäts-Innenräume zu, wo Gruppen eine warme, mitmenschliche Lernatmosphäre schaffen. Diese Lösung wird immer die Ausnahme am Rande des Hochschulbetriebs sein.

TZI soll sich daher, grundsätzlich verstanden, am Kern des Seminaralltags beweisen, in Veranstaltungen, die ein- oder zweimal in der Woche stattfinden, dann über drei bis vier Monate laufen, d. h. in der Regel 12 – 16 Wochen, wobei noch Feiertage und Ferien abzuziehen sind. Das sind Veranstaltungen, die 2 – 3 Unterrichtsstunden einnehmen und zwischen unzähligen anderen Lehrveranstaltungen eingeschlossen sind.

Wir schlagen hierfür einen radikaleren und zugleich bescheideneren Weg vor: TZI eher vom Prinzip als von der Methoden-Praxis in Betracht zu ziehen. Wir folgen bei der Darstellung dieses Weges dem bekannten Balancemodell in der Dreiecksgestalt.

Der erste Schritt zu einer Veränderung beginnt beim Lehrenden selbst, d. h. er sorgt erst einmal für sich als lehrender lebendiger Mensch, der um sein Überleben mit seinen Fachinteressen, mit seinen persönlichen Empfindungen – und zuweilen auch mit seinen Kollegen – ringt. Der gegen den „Frust" in sich angeht und damit auch gegen seine unangenehmen Gefühle den Studenten gegenüber, „mit denen sich sowieso nichts machen läßt". Der Lehrende muß eine kritische Bestandsaufnahme seiner eigenen (möglicherweise widersprüchlichen) Interessen machen.

B. Lehrende, Lernende und ihre Themen

Was für den Lehrenden unabänderlich in dieser Situation feststeht, ist sein wissenschaftliches Gebiet, das er vertritt, und verbunden damit sein Auftrag für Forschung und Lehre in diesem Bereich. Hierbei ist es kein Geheimnis, daß das Ansehen der Lehre weit hinter dem der Forschung liegt.

Es hat schon vor TZI einige seltene „begabte" Lehrer gegeben, die „trockenen" Stoff faszinierend vermittelt haben, und als Studenten haben wir noch vor unserer Begegnung mit TZI gewußt, daß diese Lehrer von ihrer Sache begeistert waren, d. h. ihren ganz persönlichen Zugang zu ihr gefunden hatten. Dennoch hält sich hartnäckig die Ansicht, Wissenschaft sei gleichzusetzen mit strengster Sachlichkeit. Je unpersönlicher die Darstellung erfolgt, desto wissenschaftlicher erscheint sie.

Diese Einstellung hat fatale Folgen:

Die „Unpersönlichkeit" von Dozent und Thema erschwert, ja verhindert einen möglichen Zugang für die Lernenden. Solange der Lehrende selbst seinem Thema nichts von persönlicher Bedeutung abgewinnen kann – er keinen eigenen Bezug herstellt, darf er sich über seine „teilnahmslosen" Teilnehmer nicht wundern. In den seltensten Fällen wird der Student aus persönlichem Interesse ein Thema wählen können, dessen Bearbeitung ja dann von seinem Engagement profitieren könnte. In der Regel gilt es, die Referatsliste abzuhaken – private (unmaßgebliche) Ansichten wirken eher peinlich in einer von jeder persönlichen Erfahrung gereinigten Atmosphäre. Wenn der Lehrende jedoch seinen eigenen Weg zum Thema hin ernst nimmt und die Studenten ermutigt, die Sache nicht sachlicher zu machen als er selbst, könnte ein Spielraum entstehen für jeden einzelnen auf der Suche nach einem eigenen Weg.

C. „Störungen" an der Hochschule

Der mögliche Freiraum des einzelnen ist jedoch nur eine Vorbedingung optimalen Lernens. Selbst ein gewisses Interesse an der Sache vorausgesetzt, gibt es noch ein zentrales Hindernis. Dies entdeckt der Lehrende, wenn er das Störungspostulat noch einmal für die Hochschulsituation durchdenkt. „Störungen" heißt im sachbezogenen Lernprozeß nicht: „Ich wäre jetzt lieber bei meinem Freund/meiner Freundin" oder „Ich komme in diesem Monat nicht mit dem Geld aus und finde keinen Job".

„Störung" bedeutet im intellektuellen Lernprozeß vor allem: „Ich verstehe nicht!", und nichts behindert so sehr wie das Übergehen von Nicht-Verstandenem. Oft entsteht das sogenannte mangelnde Interesse nicht daraus, daß ich an etwas nicht interessiert bin und deswegen die Aufmerksamkeit verliere, sondern weil meine Fragen nicht beantwortet werden bzw. ich selbst meine Fragen nicht stellen kann.

Mit dieser Einsicht braucht der Lehrende eigentlich nichts anderes zu tun als die Regel einzuführen: „Niemand soll die Sitzung verlassen, der etwas nicht verstanden hat!" Denn das hieße wohl im Hochschulalltag: Störungen haben Vorrang. Wer dies an der Universität versucht, der wird auf eine tiefgreifende Misere stoßen. Gerade in akademischen Gefilden hat die Formel „Das gehört nicht hierher" manch mutigen Frager – im vermeintlichen Dienst an der Sache – zum Schweigen gebracht. Und Mut gehört tatsächlich dazu, eine Bitte um Klärung von Nicht-Verstandenem vorzutragen. Scheint doch den Studenten die Überzeugung im Gemüt zu sitzen, daß nicht der Kluge, sondern nur der Dumme Fragen stellt.

TZI als Prinzip an der Hochschule bedeutet somit: ein Klima schaffen, in dem Fragen gedeihen können.

D. Ein vorläufiges Fazit

Ausführungen zu TZI – verstanden als hochschuldidaktisches Prinzip – vermitteln Aufschluß darüber, wie selbstverantwortetes Lernen zustande kommen kann. Ein erster Schritt liegt in der Anbahnung eines persönlichen Bezugs zum Thema, das neben kognitiven ausdrücklich emotionale Anteile einschließt. Schon hier wird die persönliche Aktivität des einzelnen gefordert. Diese Herausforderung kann er jedoch nur in einem Klima des Vertrauens annehmen, das ihn mit seinen individuellen Einsichten und Bedürfnissen stützt.

Lebendiges Lernen an der Hochschule kann nur in dem Maße stattfinden, wie es dem Hochschullehrer gelingt, glaubhaft zu machen, daß Fragen an den Gegenstand und das Gespräch in der Gruppe ein unverzichtbarer Bestandteil wissenschaftlicher Auseinandersetzung sind. Seminare, in denen es nicht zu einem echten Austausch unter den Teilnehmern kommt, behindern nicht nur den Lernprozeß im Sinne einer erfolgreichen Verarbeitung des Gehörten, sie verfehlen auch den eigentlichen Wissenschaftsprozeß, der notwendig eine Verbindung von Erkenntnis und Kommunikation ist. Der Beitrag von TZI als Prinzip der Hochschuldidaktik kann in diesem Zusammenhang nicht als peripheres Aufwärmen der Teilnehmer verdächtigt werden, sondern zeigt hier seine unmittelbare Relevanz für die Möglichkeit wissenschaftlicher Kommunikation.

Darüber hinaus ist an den „politischen Aspekt" von TZI zu erinnern: TZI intendiert immer Stärkung der Eigen-Verantwortung! Jede Art von wissenschaftlicher Tätigkeit weist über sich hinaus. Wer an der Hochschule keinen Zugang zum selbstverantworteten Lernen gefunden hat, wer die Sache, die er einmal in der Gesellschaft vertreten soll, lediglich als leblose Materie präsentiert bekommen hat, der wird in seiner zukünftigen Tätigkeit schwer Verantwortung für seine Mitmenschen und für seine gesellschaftliche Aufgabe übernehmen können.

4. TZI in der Schule

Ein Beitrag von Ulrike Rietz

Die fruchtbarsten Themen ergeben sich aus Fragestellungen, die ihren Ursprung in den realistischen, täglichen und persönlichen Erfahrungen der Menschen haben. Der Lehrer, der persönliches Lernen fördert, fragt nicht, wie die Studenten motiviert werden können, sondern wie er ihre Motivation finden kann. Die Ausgangsfrage des Lehrers lautet nicht: „Wie motiviere ich?" sondern: „Wo und wie leben sie?" „Woran sind sie interessiert?" „Woran liegt mir?“ (Cohn 1975, S. 167). Und ich, als TZI-geschulte Lehrerin, frage weiter, wenn ich mich für meine Unterrichtsstunde mit Schülern vorbereite – seien es Kinder, Jugendliche oder Erwachsene:

- Was ist am Lerngegenstand für mich als Lehrende, was ist für meine Schüler bedeutsam – mag es dabei um Bruchrechnung, Kommaregeln, den Kreislauf des Wassers oder um französische Konversation gehen. Worin liegt die „produktive Zumutung“ (Kroeger 1983) des Lerngegenstands an meine Schüler, mit dem ich sie konfrontieren will?
- Welche methodisch-didaktische Aufbereitung bietet sich an für die Phase der Inititation, der Exploration, der Objektivierung, der Integration (G. Otto), wenn ich die Erfordernisse der Lehrinhalte in Verbindung bringe mit der je individuellen Lernsituation meiner Schüler (ich), dem Entwicklungsstand der Klasse, also der Gruppenentwicklung (wir) und den Rahmenbedingungen, z. B. die Länge der Unterrichtsreihe, Tageszeit, räumliche Möglichkeiten, wer unterrichtet vor, wer nach mir, mit welchen Themen und in welchen Sozialformen (Globe), und auf welche Arbeitsformen und Medien will ich mich einstellen, um dann in der Stunde selbst situativ auswählen zu können?
- Was muß in der Stunde geschehen, wenn sie für mich gelungen sein soll (kleinster Schritt – größter Schritt) für solche Schüler, die sich der sachlichen Herausforderung begierig stellen und für jene, die sich damit schwertun?

  Und wie kann ich die emotionale Unterstützung mir naher Schüler nutzen, um mit den emotionalen Herausforderungen durch mir schwierige Schüler zurechtzukommen?

  Welche Anreize/Hilfen bräuchte diese Klasse, um während der Arbeit an der Sache auch in ihrem Gruppenentwicklungsprozeß voranzukommen?
- Was könnte mich und jeden einzelnen meiner Schüler von der Arbeit am Thema abziehen, und wie möchte ich solchen „Störungen“ begegnen?

  Das Postulat „Störungen“ wahrzunehmen und einzubeziehen ist kein Freibrief für die Produktion von Unterrichtsstörungen! Im Gegenteil erreicht der TZI-geschulte Lehrer einen hohen Grad an Aufmerksamkeit bei seinen Schülern für die Unterrichtsinhalte, wenn er mit „Störungen" konstruktiv umgeht. (s. Kap. XII.)

Je nach Zeit und Situation durchlaufe ich diesen Prozeß der Unterrichtsvorbereitung und Selbstsupervision sehr ausführlich (vgl. Kroeger 1983 und Platzer 1990) oder suche mir einige heikle Aspekte heraus, auf die ich besonders achten will.

Lehren und Lernen ist eine gemeinsame Sache. Ich als Lehrerin bin für meinen Teil verantwortlich: emotional und sachlich optimale Voraussetzungen zu schaffen für meinen Lehrauftrag und meine Schüler bei ihrem Lernauftrag optimal zu begleiten. Daß und wie sie ihre Lernaufgabe wahrnehmen, das ist ihre Aufgabe und liegt in ihrer Verantwortung. Das ist ihr Beitrag in unserem gemeinsamen Lehr-/Lernprozeß.

Diese Verantwortung zu lernen und wirklich wahrzunehmen, darin unterstütze ich sie, Schritt für Schritt.

Erfahrungsberichte können nun zu weiterer Transparenz beitragen und zum Dialog einladen. Mit diesem Ziel schildere ich eine Lehr-Lernsituation in einer 8. Sonderschulklasse und schließe kurze Gesprächsbeiträge aus meinen Fortbildungsgruppen zum TZI-Gruppenleiter an.

Ich führe meine 8. Sonderschulklasse seit 18 Monaten. Mein Unterricht macht mir Freude, aber TZI im Unterricht angewandt, erfordert von uns Lehrern auch in besonderer Weise Wahrnehmungsfähigkeit, es braucht Geduld, Fantasie, Konsequenz, Kraft zur Auseinandersetzung mit uns selbst, mit Kollegen, die in der Mehrheit anders unterrichten, mit Schülern, die anderes Lernen gewöhnt sind, mit Eltern, denen dieses Unterrichtsverständnis oft fremd ist.

Aufgaben, die wir alle – auch ich – langweilig finden, bereite ich besonders gründlich vor, damit wir sie mit einem Minimum an Zeit so effektiv wie möglich erledigen können. Dafür haben wir dann mehr Zeit für lebendigere Lernstoffe, die durchaus nicht immer leichter sind, die uns aber oft den Zugang zu noch schwierigeren Inhalten ermöglichen. Zur Zeit ist das Davy, unser Zwergkaninchen. Es hat seinen Platz neben den Mäusen in der hinteren Klassenecke. Durch Davy vertiefen wir unsere Verhaltensbeobachtungen bei Tieren, ich berichte von Erkenntnissen aus der Verhaltenslehre und wir schließen Reflexionen über tierisches und menschliches Verhalten an. Wir suchen nach Beispielen aus unserem eigenen Verhalten im Unterricht, wir experimentieren mit unserer äußeren und inneren Wahrnehmungsfähigkeit.

Durch Davy angeregt beschäftigen wir uns mit Vererbungslehre. Wieso hat er eigentlich weiße Flecken auf Brust und Nase, während seine Geschwister pechschwarz und grau sind? Vererbungslehre schließt nahtlos an unser Geschichtsthema über Rassismus an. Und wieder finden wir einen Bezug zu uns selbst:

Vorurteile, Verteufelungen, Sündenbockdenken – erleben wir das nicht täglich, in unserer Klasse, zwischen Schülern unserer Schule und Schülern anderer Schulen, zu Hause im Wohnblock, in der Disco, auf der Straße, tagtäglich in der Zeitung?

Wir beschließen einen Tag der offenen Tür und laden Schüler der Nachbarschulen in unseren Unterricht ein. In der Zwischenzeit hat ein Gegenbesuch und ein gemeinsames Karnevalsfest stattgefunden.

Die meisten Schüler besitzen inzwischen einen Leseausweis für die Stadtbücherei. Wir alle tragen Bücher, Artikel und Bilder zusammen, und nach intensiven Kleingruppenarbeiten lernen wir voneinander eine Menge über Kleintierhaltung, über die Entwicklung des Hauskaninchens, über Nährstoffe in Futtermitteln, zugleich eine Vertiefung der Ernährungslehre in Hauswirtschaft; wir berechnen Futtermengen und sammeln im Brainstorming Ideen, um unsere Klassenkasse aufzufüllen. Unsere Tiere kosten Geld!

Einmal fällt der Begriff „Hasenscharte“, sachlich korrekt und unbekümmert. Da plötzlich wird Detlef sehr still. Körperlich spürbar steht das Gefühl von Schmerz und Traurigkeit im Raum, denn wir alle wissen, wie schwer es Detlef fällt, mit seiner Behinderung zu leben. – Den Schmerz aushalten und auf die innere Stimme hören, die eigenen Impulse wahrnehmen und dann handeln . . . als ich das ausspreche, erzählt Sabine spontan, wie sie sich über die neugierigen Blicke der Mitfahrer im Bus ärgere, wenn sie Detlef sprechen hören, und daß sie sich deshalb jeden Morgen absichtlich neben Detlef setze und sich mit ihm unterhalte. Adelheid, die mir auf unserer Klassenreise vor einem halben Jahr zum ersten Male ihre verkrüppelten Füße zeigte, um mich zu fragen, was sie dagegen machen könne, tröstete Detlef und gleichzeitig sich selbst: „Ich bin auch nicht viel besser dran als Du. Du hast es an der Nase und ich an den Füßen, bloß daß man die besser verstecken kann“. Schließlich suchen wir gemeinsam nach einem Aufsatzthema. Wir einigen uns auf drei verschiedene Themenformulierungen: „Wir lernen mit Davy", „Mümmelmann in 8 c" und „In unserer Klasse lebt ein Zwergkaninchen". Die Zeit von zwei Unterrichtsstunden reicht zum Schreiben fast nicht aus.

Ich bin neugierig und gespannt darauf, wie meine Schüler ihre Erfahrungen und ihr Wissen verarbeitet haben und zum Ausdruck bringen. Ich werde Neues von ihnen und von ihrer Art zu lernen erfahren und hören, was ihnen wichtig geworden ist, was sie interessiert hat. Ich werde eine Kontrolle darüber haben, ob das sachlich „Unverzichtbare" angekommen ist und wo ich gegebenenfalls nachfassen oder korrigieren muß.

Korrektur, Benotung und differenzierte Nacharbeit wird wieder Lernanlaß sein für die Überprüfung von Selbst- und Fremdwahrnehmung, für Zielesetzen und Zieleerreichen, für Vergleichen, für gegenseitige Anerkennung und hilfreiche Kritik – und das sowohl bei meinen Schülern wie auch bei mir.

Aus diesem gemeinsamen Aus- und Bewertungsprozeß werde ich Anknüpfungspunkte für meine nächsten Lehranliegen finden und dafür, welche Lernschritte ich meinen Schülern zumute. Ich werde aus Unterrichtsgegenständen wieder Themen formulieren, die meinen Schülern ihren je individuellen Zugang eröffnen. Der Kreis schließt sich: „Die fruchtbarsten Themen ergeben sich aus Fragestellungen, die ihren Ursprung in den realistischen, täglichen und persönlichen Erfahrungen haben."

Und nun zu den Gesprächsbeiträgen der Gruppenleiter: Was erleben Lehrer in Schule und Unterricht, wenn sie mit TZI arbeiten?

Adelheid: „Während eines Konflikts im Lehrerkollegium wurde mir schlagartig die Bedeutung des Axioms von ‚Autonomie und Interdependenz' bewußt: ich erlebte, wie wichtig es ist, mir meiner Fähigkeiten und meiner Begrenzungen und Abhängigkeiten und der der übrigen Beteiligten ganz bewußt zu sein, um auf diese Weise mich und meine Werte realistisch vertreten zu können, d. h. in der Interdependenz ganz autonom zu sein."

Andreas zur Themenzentrierung: „In meinen ersten Schritten versuchte ich, die dynamische Balance im Unterricht zu beachten. Das heißt, die Überbetonung des Lerngegenstands durch eine erhöhte Wahrnehmung jedes einzelnen Schülers und seines Empfindens in seiner Umwelt zu ergänzen und miteinander im gemeinsamen Lernprozeß auszubalancieren. Ich übte, für einzelne Stunden ein eigenes Thema zu finden und zu formulieren und es so einzuführen, daß zunächst jeder seinen persönlichen Zugang zur Sache, an der gelernt werden sollte, finden konnte. Das ist für mich das Revolutionierendste an TZI."

Andreas zur Interaktion: „Ich fördere die Interaktion durch Gespräche und durch Unterthemen in Kleingruppen und suche gerne nach Bewegungsanreizen, was besonders Kinder im Grundschulalter gern annehmen."

Roswitha: „Ein wichtiges Ziel ist es für mich, Mehrheitsbeschlüsse in Gruppen möglichst zu vermeiden oder zumindest durch Minderheitenwahl zu ergänzen. So kommen alle Beteiligten zu ihrer Zufriedenheit und niemand fühlt sich unterdrückt. So entwikkeln die Minderheiten keine Widerstände gegenüber Mehrheitsbeschlüssen, die sie ja mittragen müssen. Die Mehrheiten lernen, Minderheiten im Auge zu behalten, sie sogar als Bereicherung der Aspektenpalette zu sehen. Diese Vorgehensweise unterstützt das Chairperson-Postulat sowie die Vermeidung von Gewinner-Verlierer-Situationen, von „Wir"- und „die da"-Gefühlen in der Gruppe, und sie fördert Kooperation statt Rivalität."

Inge: „Ich ziehe meinen Unterricht nicht mehr um jeden Preis durch, wie früher. Wichtiger ist mir geworden, wie es den Schülern mit dem geht, was sie gerade lernen oder lernen sollen. Ich gebe mir im Vorfeld größere Mühe, persönliche Interessen und Lernhemmungen zu berücksichtigen und diese nicht als Übereifer oder Desinteresse bzw. mangelnde Intelligenz abzuwerten. Dieses führt mich beinahe zwangsläufig zur Formulierung von Themen und hilft bei der Wahl der Sozialformen. Und so paradox es klingt: weil ich den Störungen von Schülern mehr Aufmerksamkeit widme und sie lehre, dies auch selbst zu tun, wird die gemeinsame Arbeit am Lerngegenstand ernsthafter und bedeutungsvoller auch für meine Schüler. – Wenn sie z. B. bei meinem Lehrervortrag anfangen zu zappeln, dann verdonnere ich sie nicht mehr zum Stillsitzen, sondern überlege und frage auch: ‚Warum klappt es nicht mehr?'. Wir räumen dann gemeinsam das Hindernis aus dem Weg, und die Schüler lernen, daß ich sie in ihrer Mitverantwortung für unsere Lehr- und Lernsituation ernstnehme."

Günther: „Mit Fehlleistungen, schwachen Leistungen und auch meinem eigenen Unvermögen komme ich heute besser zurecht. Ich erlebe das nicht mehr als persönliches Versagen. Ich kann heute auch akzeptieren, daß manche Schüler besser erklären können als ich. Das nutze ich und bin dadurch entlastet. Außerdem fördere ich damit noch die Interaktion. – Mein Förderunterricht ist offen für alle. Meine Hilfestellung heißt dabei: ‚Was glaubst Du, was Du noch üben mußt?' ebenso wie: ‚Das kannst Du noch nicht. Bitte bleibe heute hier.'"

Michael: „Meine Schüler wissen aufgrund von Selbst- und Fremdeinschätzung, von Rückmeldesituationen in der Klasse und von gemeinsamer Suche nach den besten Lernwegen ziemlich genau um ihre eigenen Stärken und Schwachpunkte und die der Klassenkameraden. Das mache ich jetzt seit drei Jahren, und das trägt zu einem unglaublichen Klassenklima bei. Es finden keine Abwertungen mehr statt – auch nicht von meiner Seite!"

Dorle: „Ich sehe heute nicht eine Klasse vor mir, sondern lauter Einzelwesen – so geht es mir inzwischen auch mit den Eltern am Elternabend. Die Schüler spüren mein verändertes Interesse an ihnen als Personen und erzählen mehr von sich. Wir teilen uns gegenseitig mehr mit, was die Lehr- und Lerninhalte für uns bedeuten, was gut geht, was spannend ist, womit wir nicht zurechtkommen oder was uns nervt. Wir können auch Erfolg und Mißerfolg besser miteinander teilen. Und so beeinflussen sich die Erfahrungen auf der Sach- und auf der Beziehungsebene immer wechselseitig und schaffen Synergie. Auch Zensuren sind kein Problem mehr. Sie werden nicht als Diskriminierung erlebt. Sie stehen auch aus Sicht der Schüler in unmittelbarem Zusammenhang mit dem Arbeitseinsatz. Und: Zensuren sind veränderbar! Und wie sie das hinkriegen, dafür können sie bei mir Hilfe kriegen."

Mit diesem Beispiel aus der 8. Klasse und mit den Gesprächsbeiträgen will ich konkrete Möglichkeiten eines humaneren Lehrens und Lernens aufzeigen, um in kleinen Schritten an der Veränderung von Schule mitzuwirken.

XIX. Humanistische Psychologie. Richtschnur der TZI

Die Kerngedanken der Humanistischen Psychologie (HP) und ihr Bild vom Menschen, wie es hier noch einmal zusammengefaßt und präzisiert werden soll, sind in den Texten, in den Berufsbeispielen und vor allem auch in der Biographie von Ruth Cohn erfahrbar geworden. Dieser philosophisch-ethische Hintergrund ist systemimmanent für die TZI und von daher nicht in Theorie und Praxis zu trennen und zu beschreiben. TZI versteht sich als gelebte Ethik, die um der Freiheit des gefährdeten Menschen und um der Gesundung des beschädigten Menschen willen Ehrfurcht vor den Kräften für das Leben gebietet.

Eine geschichtliche Einbindung und Aussagen zu Werten sowie zu einem humanistischen Bild vom Menschen sollen die praktischen Ausführungen abrunden.

Die HP bezeichnet sich als „dritte Kraft“, d. h. als Ergänzung, Alternative und Gegenbewegung zur Psychoanalyse (erste Kraft) und zur Verhaltenstherapie (zweite Kraft). Zu dieser dritten Kraft zählen sich im Wesentlichen: Fritz Pearls (Gestalttherapie), Carl Rogers (Klientenzentrierte Gesprächstherapie), Fritz Berne (Transaktions-Analyse), Virginia Satir und Abraham Maslow, der dem inzwischen weitverbreiteten Begriff der Humanistischen Psychologie den Namen gab und diese maßgeblich prägte und beschrieb.

Auch Ruth Cohn zählt mit ihrer TZI zu diesem Kreis. Durch die Arbeit an begrifflichen Klärungen entdeckte sie, daß ihre humanistische Überzeugung die persönlich wichtigste Grundlage für die Entwicklung der TZI geworden ist.

Ruth Cohns Denken ist geprägt von der Existenzphilosophie (Heidegger, Buber), in deren Mittelpunkt die Betrachtung und

Erforschung der menschlichen Existenz steht. Dabei fühlt sie sich mehr dem „amerikanisch-frohen“ als dem „europäisch-verzweifelten“ Existenzialismus zugehörig. „Ganz im Hier und Jetzt zu leben, sich voll einzusetzen für das, was als wertvoll erscheint, sei es ästhetisch oder materiell, seien es sexuelle oder freundschaftliche Beziehungen oder persönliche Leistungen“, so drückt Ruth Cohn diese Wegbeschreibung in eine humanere Lebensrichtung aus. Sie fügt dem „sapere aude“ der Aufklärung, diesem „Bediene Dich Deines Verstandes“ die weiterführende Aufforderung zu „Bediene Dich ebenso Deiner Gefühle und der Signale Deines Körpers“.

Auch wenn es sich dabei um einen mehr indirekten Einfluß handelt, so ist die existenzphilosophische Grundauffassung vom Menschen in den Axiomen und Postulaten deutlich zu lesen.

Weiterhin waren die Erkenntnisse der Psychoanalyse Freuds insofern eine wichtige Einflußquelle, als darin der Mensch mit seiner subjektiven Wahrnehmung ernst genommen wird, in der auch unangenehme und zunächst wertlose Gefühle Raum haben. Die „freischwebende Aufmerksamkeit“ des Psychoanalytikers, wie Ruth Cohn es nennt, fand einen wichtigen Platz in der TZI, dieses Zuhören vom Standpunkt des anderen aus, ohne die eigenen Gefühls- und Gedankenwelt dabei zu verdrängen.

Dagegen unterscheidet sich die HP gravierend von der Psychoanalyse Freuds darin, daß diese sich wenig mit der Notwendigkeit ethischer Reflexion auseinandersetzte, ja eine ethische Axiomatik sogar ablehnte.

Das Menschenbild der Psychoanalyse „Der Mensch ist dem Menschen ein Wolf“ hält die HP für höchst problematisch. Auch glaubt sie nicht wie jene daran, daß Normen nur durch die Sozialisation gegebene Fremdbestimmungen sind (s. Kap. VIII). Allen Zweigen dieser Bewegung gemeinsam ist dagegen ein anthropologischer Optimismus, der auf die positiven menschlichen Möglichkeiten (Human potential) und auf die Fülle ihrer Entfaltung setzt, indem er dem Menschen von Kindheit an Gutes zutraut und ihn ermutigt, anstatt ihm von vornherein mit Mißtrauen und Demütigungen zu begegnen.

Diese positive Einstellung übersieht dabei nicht die sogenannte Mängelseite. Der Ansatz der HP läßt diese zu, überprüft sie auf ihre Entstehungsgeschichte und akzeptiert sie als den Teil des Menschen, den dieser noch nicht leben kann oder noch nicht lebt, vielleicht noch gar nicht kennt. In erster Linie fördert und stützt die HP aber den positiven Wachstumsimpuls. Leben zu erhalten und zu fördern nimmt immer die hervorragende Stelle in der Wertskala ein.

Sowohl Kritiker als auch Befürworter in der Diskussion um die Anerkennung der Mängelseite haben immer wieder Schwierigkeiten im Umgang mit dieser Schattenproblematik.

Die HP geht davon aus, daß die Möglichkeit der Destruktivität eine Realität des Menschen ist, und daß nur eine humane Ethik und eine konstruktive Handhabung ihr Einhalt gebieten kann.

Der HP wird gelegentlich der Vorwurf gemacht, sie sei in manchen Punkten vage und unrealistisch. In der TZI als Teil der HP werden die skizzierten Kerngedanken und der selbstgesetzte Anspruch konkrete Wirklichkeit: Eine geeignete Struktur, die Anwendung der Postulate und Hilfsregeln lassen persönliches Wachstum sehr realistisch zu, solches, bei dem „der nächste Schritt vorwärts subjektiv erfreulicher, genußvoller und innerlich befriedigender ist als die vorherige Befriedigung, die uns vertraut oder sogar langweilig geworden ist“ (Maslow, 1973 S. 58). Eine klare Ethik, die Werte definiert und ein entsprechendes Menschenbild prägt, muß ihr dabei den Weg weisen.

Die HP ist auch ein Zeichen des Protestes gegen eine Zivilisation, die den Menschen von seinem Ursprung wegführt, die ihn von der Natur entfremdet und zu technischen und wissenschaftlichen Höchstleistungen bringt, deren Sinn er kaum noch nachvollziehen kann.

Jedes geistige und praktische Konzept ist eingebunden in seine eigene geschichtliche Zeit. Die HP traf auf die Mitte des 20. Jahrhunderts und fand sich in einer Welt, in der fast alles machbar ist und in der neben Faszination auch Angst und Schrecken herrscht. Die Frage, ob wir uns und die Welt erhalten wollen oder sie vernichten, konnte noch nie so konkret gestellt werden. Dies geht mit einer zunehmenden Bewußtheit für die eigenen Belange und für ein Miteinander in Freiheit einher, wobei es nötig wird, das Denken und Handeln aus dem nur naturwissenschaftlichen Blickwinkel herauszuführen. Dazu müssen Werte und deren Maßstäbe reflektiert, definiert und geschützt werden.

Werthaltungen sind nicht selbstverständlich positiv in humanistischem Sinn. Viele davon sind leiderzeugend und erschweren den Umgang mit sich und anderen. Nicht immer garantiert die bloße

Hochschätzung der Werte auch ihren humanistischen Gebrauch. Mit ihrer begrifflichen Deutung ist in der ersten Hälfte des 20. Jahrhunderts viel politischer Mißbrauch getrieben worden. So konnten z. B. die Nationalsozialisten die deutsche Rechtssprechung als Hüterin des derzeitigen Wertsystems für die Belange ihres zerstörerischen Tuns fast ohne Änderung übernehmen.

Eine Ethik, die sich um humane Werte und um deren Maßstäbe kümmert, droht im Arbeitsalltag immer wieder in die Theorie verbannt und von Profitdenken verdrängt zu werden.

Ein Beispiel für den Wandel von Werten in eine menschliche Richtung ist seit einigen Jahren in der Arbeitswelt zu beobachten. Gegen Karriere und den Ehrgeiz, „es auf jeden Fall zu etwas zu bringen", steht zunehmend die Forderung nach einem Arbeitsplatz, an dem man „fleißig und fröhlich zugleich" sein kann. Es soll immer noch hart gearbeitet werden, wobei die Menschen interessierter und bereiter sind, für sich und für die gemeinsame Sache Verantwortung zu übernehmen. Aber die Devise: „Erst die Arbeit, dann das Vergnügen" soll einer Vernetzung von beiden weichen. Das fordert einen Veränderungsprozeß in Wirtschaft und Bildungswesen heraus, der Selbstentfaltung und Mitgestaltung sicherstellt und Arbeitsziele neu definiert.

Weiterhin ist die HP davon überzeugt, daß Menschen sich immer im Zusammenhang mit ihrer Umgebung entwickeln und verwirklichen. Die Humanisierung des Einzelnen und die Humanisierung der Gesellschaft stehen in gegenseitiger Wechselbeziehung und sind nur miteinander zu verwirklichen. Es ist die Gesellschaft, die erlaubt oder verweigert, die auch unmißverständlich sagt, welche Bedürfnisse wertvoll sind und welche abzulehnen oder gar verwerflich. Und es war wiederum Abraham Maslow, der sich der Erforschung der äußeren, gesellschaftlichen Beziehungen zugewandt hat, um herauszufinden, wie diese das Wachstum widerspiegeln und beeinflussen.

Die wachstumsorientierte Werteinstellung „Das Humane ist wertvoll; Inhumanes ist wertbedrohend" impliziert auch eine bewertende Stellungnahme zu Gedanken und zu Handlungen des Menschen.

Die HP hat sich der Überzeugung von Wertneutralität, wie sie die Psychoanalyse vertritt, nicht angeschlossen. Sie vertritt dagegen die Auffassung, daß es unmöglich sei, sich Werten gegenüber neutral zu verhalten. Die Anlage, bewerten zu müssen, ist uns mitgegeben und jeder Mensch hat im Laufe seiner Sozialisation ein Wertesystem für sich gebildet, von dem er sich mehr oder weniger bewußt leiten läßt. Er setzt ein solches auch bei anderen voraus und reagiert darauf.

Besonders in der therapeutischen Situation schloß sich Ruth Cohn, wie auch Fritz Pearls und Erich Fromm, nicht der Freudschen Überzeugung an, daß menschliche Ungleichheit zum Erfolg helfen könnte. „Wenn ich mich nicht als Mensch zeige, wie kann ich dann dem anderen Mut machen, sich zu zeigen".

In jeder Beziehung zwischen Menschen, auch in der therapeutischen, geht es um Werte. Ebenso stellt die Außenwelt immer Wertfragen an die Menschen, die jeder, der Verantwortung für sich tragen will und der darüber hinaus Einfluß nehmen will, akzeptieren muß.

Menschsein ist etwas anderes als Tier oder Pflanze zu sein. Menschsein ist eine höhere Evolutionsstufe, die die Gabe des Erfindens und Konstruierens, des Denkens und Entscheidens und des freigewählten Handelns in sich birgt, die gleichzeitig aber die ethische Verantwortung für diese Fähigkeiten trägt. Nur der Mensch kann sich zum bewußten Veränderer von Fakten in der Welt machen.

Um sich über die eigenen Wertvorstellungen mehr Klarheit zu verschaffen, können folgende Fragen beitragen:

- Welche Überzeugungen und Antriebsimpulse leiten mich im Denken und Handeln?
- Von was möchte ich, daß es auf jeden Fall erhalten bleibt?
- Von was möchte ich, daß es mir auf jeden Fall erhalten bleibt?
- Was tue ich dafür?
- Was unterlasse ich dafür?
- Wie sieht die Hierarchie meiner Werte aus?

Nur die Umsetzung der gedanklichen Wertschätzungen in konkrete und selbstverantwortete Handlungen kann eine positive Veränderung in kleinen Schritten bewirken. Grundwerte können nicht eindeutiger ausgedrückt werden, als es in den Axiomen geschieht. Als Handlungsmodell haben wir sie in den Postulaten, den Hilfsregeln und im Achten auf die Dreiecksbalance kennengelernt.

Das Menschenbild der HP kann in den folgenden Aussagen, deren Anstoß ich bei Dietrich Stollberg (1982) fand, zusammengefaßt werden:

1. Du kannst, wenn Du willst.
2. Es gibt keine Zufälle. Der Mensch führt Situationen herbei, nimmt sie wahr oder vermeidet sie.
3. Die Realität geschieht hier und jetzt. Die Wirklichkeit ist immer das Gegenwärtige, von Vergangenheit und Zukunft beeinflußt.
4. Auch Schmerz, Leid, Konflikt und Tod gehören zum Leben; sie sind nicht durch Vermeidung oder scheinbare Beseitigung zu bewältigen.
5. Du bist dein Körper und hast nicht etwa einen. Seelische Vorgänge sind ein Aspekt körperlicher Vorgänge und umgekehrt. Höre nicht nur auf den Kopf!
6. Abschied von dem, was sein soll und nicht ist, und Hinwendung zu dem, was da ist, kennzeichnet eine lebensbejahende Einstellung, die Gemeinschaft und Zusammenarbeit fördert.

Das Bild vom Menschen, das sich auf diese Aussagen einläßt, zeigt eine Person, die

- ihre Vergangenheit kennt;
- ihre Zukunft entwickelt;
- in der Gegenwart handelt;
- die sich von der Gleichheit untereinander tragen läßt und die Andersartigkeit anderer akzeptiert;
- die die Chance, voneinander zu lernen, nutzt und
- die nicht stehen bleibt, wenn es Entwicklungsmöglichkeiten gibt.

„Es kann keine ethischen Rezepte geben" (Farau & Cohn 1984). Aber der humanistische Ansatz als konstruktiv wirksames Menschen- und Handlungsverständnis will dazu beitragen, die ethische Unklarheit zu klären und den ethischen Pessimismus unserer Zeit zu wandeln.

XX. Ausstieg und was noch zu sagen ist

Die Texte sind beendet.

Inhalte und Überzeugungen dieser Texte wurden angeregt und entwickelten sich aus dem Studium anderer Texte.

Darüber hinaus und in erster Linie entwickelten sie sich aber aus der Praxis der Seminare und den immer neuen Erlebnissen dort:

- zwischen mir und den Teilnehmern und den Sachaufgaben;
- aus der Bereitschaft, sich auf Neues und Unbekanntes einzulassen;
- aus genialen Ideen, die nach methodischem Rüstzeug suchten;
- aus der täglichen Konfrontation mit der Wirklichkeit von Menschen, ihrer Begeisterung und ihren Leiden an dieser Wirklichkeit.

Die Texte entwickelten sich auch aus dem Wunsch, in einer Welt mitzutun, die über das Minimalziel des Überlebens hinaus das Leben lebendiger gestalten möchte und dabei nicht bei Absichtserklärungen stehen bleiben will.

Für den Umgang von Menschen mit Menschen, von Menschen mit Sachen gibt es keinen Kausalzusammenhang eines „Wenn . . ., dann . . .“. Menschen leben nicht in abgesicherter Gesetzmäßigkeit.

Wenn es um Menschen geht, dann können methodische Konzepte in der Tat nur Anstöße sein, um dem genialen eigenen eine Struktur anzubieten.

Die Inhalte sind auch in der Auseinandersetzung mit dem Tages- und Lebensgeschehen während des Schreibens entstanden.

Das Schreiben selbst hat Bärbel Langmaack übernommen, meine Schwiegertochter. Sie hat geschrieben und geschrieben und noch mal neu geschrieben.

Daneben aber, und das war wichtiger, hatte sie weitere Funktionen:

Bärbel Langmaack stand noch einmal stellvertretend für alle Seminarteilnehmer, die hier ungenannt mitgeschrieben haben. Sie stellte in Frage, sie runzelte die Stirn, sie signalisierte zuverlässig, wenn's ihr zu lang oder zu schnell wurde. Bärbel Langmaack ist als Sozialpädagogin meine in Gruppen erfahrene Kollegin. Bei ihr sträubte sich die Taste meist an wichtiger Stelle.

Darüber hinaus: Wir gehören zur gleichen Familie – und wenn das keine Gruppe ist! Das ist die tägliche und anhaltende und aufregende und schöne Konfrontation mit dem Ichsein in einem Wir, das zwischen Nähe und Distanz immer neu suchen muß und das sich neuen Themen und Aufgaben gegenüber sieht. So wurde unser inzwischen gemeinsames Thema des Buches zuweilen eindeutig von Jonas dominiert, ihrem Sohn, der sich in diesen Schreibmonaten ein erstes Mal auf seine kleinen Beine stellte.

„So wie ich in den Wald rufe, so tönt es zurück."

Bücher wie diese können bestenfalls Spiegel der Wirklichkeit und von lebendigem Leben sein. Das eigene Erleben und die dabei zu machenden Erfahrungen können sie nicht ersetzen. Ich bin gespannt und interessiert daran, welches Echo diese Texte als Spiegel der Wirklichkeit auslösen und zurückwerfen.

Seitdem ich dieses geschrieben habe, sind vier Jahre ins Land gegangen.

Es hat sich auch in diesen Texten bewahrheitet, daß TZI keine festgeschriebene Methode ist, sondern daß ihre Tradierung und Weiterentwicklung auf die Umwelt reagiert und ihrerseits Impulse in die Welt schickt. Nicht nur die gesellschaftliche Lage, auch die geistige Lage ist – nicht ein erstes Mal – in Veränderung. Wie steht es unter dieser Vorausgabe mit dem Fortschreibungsbedürfnis von TZI, wo ist sie modern genug? Wo bewährt sie sich gerade nach 40 Jahren ihres Bestehens in ihrem Grundkonzept.

Das waren für mich beim erneuten Durchlesen die entscheidenden Fragen. Auf drei Stellen möchte ich in diesem Zusammenhang hinweisen.

1. Der Glaube an und die Aufforderung nach Wachstum ist in Frage zu stellen, zumindest im räumlichen und materiellen Bereich. Hierauf bezugnehmend findet der Leser im Kapitel III, wo es um die Axiome geht, Änderungen und aktuelle Überlegungen.

   Darüber hinaus habe ich nach längerem kollegialem Austausch an mehreren Stellen den Begriff Wachstum gegen Entwicklung ausgetauscht, welcher mehr als der vorgenannte auf das „Innen" als Wachstumsrichtung hinweisen soll.
2. Zusammenwachsen dauert lange.
   Im Globe-Kapitel (IX) steht der Hinweis auf die Maueröffnung. Von Wandel in positiver Richtung ist die Rede. Nicht den Wandel zweifele ich jetzt an, aber über das Positive in der Richtung bin ich mir längst nicht mehr so sicher. Mir fällt wieder der Vers auf dem Brunnen in Villingen ein, der im ersten Kapitel bei der Navigation steht. Sollten wir an manchen Stellen doch bereits in eine vermeintlich positive Richtung gehandelt haben, ehe wir nachgedacht, vor allem nachgeschaut haben? Jedenfalls hat sich die Wechselbeziehung Ost-West als gar nicht so einfach herausgestellt - und langsamer als vermutet und gehofft, wie alles, was mit Menschen und mit Beziehungen und mit deren Wandel zu tun hat.

   Von Kooperation und Teilen war und ist die Rede, Konkurrenz hat sich ganz unübersehbar dazu gesellt. Das Wertesystem der TZI ist der Bewährung in einem ganz unmittelbar deutschen Alltag ausgesetzt.

   Inzwischen sind erste TZI-Kurse in Ungarn, Rumänien, Sibirien gehalten. Die Sehnsucht nach neuen Impulsen, nach Veränderung scheint groß zu sein, noch größer aber der Schritt von der Frage „Was muß ich tun?" hin zur Frage „Was will ich tun?". Noch schwerer erscheint die dritte Frage, die danach fragt, was von alle dem auch möglich ist.

   Was kann TZI, wie können andere Angebote der Humanistischen Psychologie, hier hilfreich begleiten, ohne die Menschen, die diese Aufgaben übernehmen - noch diejenigen, die sich aus ihrer speziellen Geschichte und Kultur auf den Weg machen, zu überfordern.
3. Wir müssen nicht nach Sibirien gehen, um auf dem Hintergrund von Geschichte und Kultur in eine Denk- und Handlungsbewegung gefordert zu werden. In den vergangenen fünf Jahren

haben zwei gesellschaftliche Gruppen stetig zugenommen: Die Arbeitslosen, die von dem wichtigen Gut Arbeit ausgeschlossen sind und keinen Einstieg mehr finden, und die Frührentner, die von Arbeit befreit sind und dieses nicht als Freiheit erleben. So sind wir dringend gefordert, aus Kapitel V/2, aus der Erkenntnis über Arbeit, wie Jahoda sie darlegt, neue Handlungsschritte zu entwerfen und auch zu gehen.

Im Text verarbeitete und erwähnte Literatur

Adler, Alfred: Menschenkenntnis. Frankfurt, Fischer 1966 (Original 1927).

Antoch, Robert F.: Von der Kommunikation zur Kooperation, Fischer Verlag, Frankfurt a. M. 1989.

Aspekte Themenzentrierter Interaktionen. 1. Grundlagen u. Arbeitsfelder der TZI. Erfahrungen lebendigen Lernens; 2. Gruppenarbeit: themenzentriert; 3. Auf dem Weg zur arbeitsfähigen Gruppe. Matthias-Grünewald-Verlag, Mainz 1979.

Barth, Hans-Martin: Wie ein Segel sich entfalten. Chr. Kaiser Verlag, München 1979.

Belz, Helga: Auf dem Weg zur arbeitsfähigen Gruppe. Matthias-Grünewald-Verlag, Mainz 1988.

Bodenheimer, Aron Ronald: Warum? Von der Obszönität des Fragens. Reclam, Stuttgart 1985.

Brocher, Tobias: Gruppendynamik und Erwachsenenbildung. G. Westermann Verlag, Braunschweig 1980.

Cohn, Ruth C.: Von der Psychoanalyse zur Themenzentrierten Interaktion. Ernst Klett Verlag, Stuttgart 1975.

Cohn, Ruth C.: Es geht ums Anteilnehmen. Herder Verlag, Freiburg i. Br. 1989.

Cohn, Ruth C.: Brief an Barbara Langmaack vom 19. 7. 1990.

Cohn, Ruth C.: Autismus oder Autonomie. In: Von der Psychoanalyse zur Themenzentrierten Interaktion, Ernst Klett Verlag, Stuttg. 1975.

Cohn, Ruth C. u. Farau, A.: Gelebte Geschichte der Psychotherapie. Klett Cotta, Stuttgart 1989.

Festschrift für Ruth C. Cohn. Gesellschaft für Humanistische Psychologie (Hrsg.). Zeitschrift für Humanistische Psychologie 4, 1980.

Eicke, Dieter: Der Körper als Partner. Kindler Verlag, München 1973.

Fatzer, Gerhard: Ganzheitliches Lernen. Humanistische Pädagogik und Organisationsentwicklung. Jungfermann-Verlag, Paderborn 1987.

Frankl, Viktor E.: Das Leiden am sinnlosen Leben. Herder Verlag, Freiburg 1977.

French, W. L. & Bell, D. H.: Organisation development. Englewood Cliffs, N. Y. 1973.

Goldstein, K.: Der Organismus als Aufbau, Den Haag 1934.

Greive, Wolfgang (Hrsg.): Das Bild vom Menschen in der neuen Gruppenarbeit. Loccumer Protokolle 22/88, Rehburg-Loccum 1989.

Hesse, Hermann: Demian. Suhrkamp, Frankfurt 1977.

Jahoda, Maria: Interview. In: Psychologie-heute-Red. (Hrsg.): Geschafft: Über Arbeit und Freizeit. Beltz Verlag, Weinheim und Basel 1985.

Kant, Immanuel: Was ist Aufklärung? Berlinische Monatshefte 1784.

Klages, Helmut: Wertedynamik. Über die Wandelbarkeit des Selbstverständlichen. Edition Interfrom, Zürich 1988.

Klemmer, Gernot: Lebendiges Lernen im naturwissenschaftlichen Unterricht. IPN-Arbeitsberichte, Kiel 1985.
Kroeger, Matthias: Themenzentrierte Seelsorge. Verlag W. Kohlhammer, Stuttgart 1989.
Kroeger, Matthias: Modell der Selbstsupervision im TZI. In: Themenzentrierte Seelsorge, Stuttgart 1983.
Kühlewind, Georg: Vom Normalen zum Gesunden. Verlag Freies Geisteswesen, Stuttgart 1983.
Künkel, Fritz: Das Wir. Verlag Friedrich Bahn, Schwerin 1939.
Langmaack, Barbara: Aufeinander hören – miteinander sprechen. Zeitschrift für Gruppenpädagogik 3/78. Akademische Verlagsgesellschaft, Wiesbaden 1978.
Langmaack, Barbara: Mein wichtigstes Handwerkszeug bin ich selbst. Materialien zur Gruppenarbeit, Heft 5. Kübel-Stiftung, Bensheim 1984.
Langmaack, Barbara, Braune-Krickau, Michael: Wie die Gruppe laufen lernt. Psychologische Verlags Union, Weinheim, 5. Aufl. 1995.
Maslow, Abraham H.: Psychologie des Seins. Kindler Verlag, München 1973.
Matzdorf, Paul & Cohn, Ruth C.: Themenzentrierte Interaktion. In: R. Corsini (Hrsg.). Handbuch der Psychotherapie, Bd. 2 (S. 1272–1314). Psychologie Verlags Union, München und Weinheim, 2. Aufl. 1987.
Neddens, Martin C., Wucher, Waldemar: Die Wiederkehr des Genius Loci. Bauverlag, Wiesbaden und Berlin 1987.
Neubert, H.: Themenzentrierte Interaktion oder die Dramaturgie »Lebendigen Lernens« In: Grundschule, Heft 7/8, 1985.
Nozick, Robert A.: The identity of the self. Oxford 1981.
Ockel, Anita: Abenteuer. In: Anfänge in Gruppen, Heft 1, Eigenherausgabe WILL-Niedersachsen, S. 22, 1978.
Platzer, Karl: Fortbildung undAusbildung von Lehrern: Wo Lehrerausbildung u. Unterricht mit TZI. In:TZI-Zeitschrift, 1. Jahrg., 1. Sept. 87, S. 50–56.
Raguse, H.: Was ist Themenzentrierte Interaktion In: Gruppenarbeit themenzentriert. Matthias-Grünewald-Verlag, Mainz, 1987.
Riemann, Fritz: Grundformen der Angst. Ernst Reinhardt Verlag, München 1961.
Rietz, Ulrike/Janne Schaper: Humanisierung der Schule – über die Umsetzung humanistischer Ideen im Schulalltag. In: Ulrich Völker (Hrsg.). Humanistische Psychologie. Beltz Verlag, Weinheim 1980.
Rogers, Carl: Entwicklung der Persönlichkeit. Klett-Cotta, Stuttgart 1989.
Rogers, Carl: Lernen in Freiheit. Kösel Verlag, München 1984.
Saint-Exupéry, Antoine: Der kleine Prinz. Karl Rauch Verlag, Düsseldorf 1953.
Satir, Virginia: Selbstwert und Kommunikation. Pfeiffer Verlag, München 1988.
Schaffer, Ulrich: Entdecke das Wunder, das du bist. Kreuz Verlag, Stuttgart 1987.
Schmidbauer, Wolfgang: Ich in der Gruppe. Otto Maier Verlag, Ravensburg 1975.

Schulz, Martin: Humanität und Menschenwürde. Die Faehre, Düsseldorf-Kaiserswerth 1946.
Schulz von Thun, Friedemann: Miteinander reden, Störungen und Klärungen. Rowohlt Taschenbuch Verlag, Reinbek bei Hamburg 1981.
Shaffer, John B. P. & Galinsky, M. David: Handbuch der Gruppenmodelle 1. Burckhardthaus-Verlag, Gelnhausen/Berlin. Christopherus-Verlag, Herder, Freiburg i. Br. Laetare-Verlag, Stein bei Nürnberg 1977.
Steffensky, Fulbert: Feier des Lebens. Kreuz Verlag, Stuttgart, 1988.
Stollberg, Dietrich: Lernen weil es Freude macht. Kösel-Verlag, München 1982.
Themenzentrierte Interaktion. Zeitschrift, 1. Jahrgang, Sept. 1987, Heft 1, WILL-INTERNATIONAL (Hrsg.).
Watzlawick, Paul, Beavin, Janet H.: Menschliche Kommunikation. Verlag Hans Huber, Bern 1974.
Wex, Marianne: »Weibliche« und »männliche« Körpersprache als Folge patriarchalischer Machtverhältnisse. Verlag Marianne Wex, Frankfurt 1980.
WILL-Bibliographie, erweiterte Neuauflage der 1.–4. Lieferung 1984. Ca. 200 Titel verschiedener Autoren zur Themenzentrierten Interaktion. Theorie, Praxisberichte und kritische Auseinandersetzungen.

Weiterführende und vertiefende Literatur

Corsini, Raymond J. (Hrsg.): Handbuch der Psychotherapie. Psychologie Verlags Union, Weinheim, 4. Aufl. 1994.
Geißler, Karlheinz A.: Anfangssituationen. Max Hueber Verlag, München 1983.
Haller, Wilhelm: Die heilsame Alternative. Peter Hammer Verlag, Wuppertal 1989.
Lowen, Alexander: Bio-Energetik. Rowohlt Taschenbuch Verlag, Reinbek bei Hamburg 1979.
Lowen, Alexander: Der Verrat am Körper. Rowohlt Taschenbuch Verlag, Reinbek bei Hamburg 1982.
Meueler, Erhard: Erwachsene Lernen. Klett-Cotta, Stuttgart 1982.
Rattner, Josef: Klassiker der Tiefen-Psychologie. Psychologie Verlags Union, München 1990.
Schulz von Thun, Friedemann: Klärungshilfe. Rowohlt Taschenbuch Verlag, Reinbek bei Hamburg 1988.
Schwenk, Theodor: Das sensible Chaos. Verlag Freies Geistesleben, Stuttgart 1962.
Sölle, Dorothee: Phantasie und Gehorsam. Kreuz-Verlag, Stuttgart 1968.
Yalom, Irvin: Theorie und Praxis der Gruppenpsychotherapie. Verlag J. Pfeiffer, München 1989.

Helfen durch Gespräch

Lehrerinnen und Lehrer, Sozialarbeiterinnen, Erzieher, überhaupt alle, die im sozialen Bereich arbeiten, werden beinahe täglich um Beratung gebeten. Ausgebildet sind sie dafür nicht. Im Gegenteil: Oft hindert sie gerade die Rolle als professioneller »Belehrer« daran, auch gute Berater zu sein. Dieses Buch, das sich am Menschenbild der humanistischen Psychologie orientiert, hilft Helfern. Es führt in die Grundlagen und Methoden der Beratung ein. Themen wie Gesprächsführung, Kommunikationsprozesse und Supervision werden ausführlich erörtert. Vielfältige Arbeits- und Übungsaufgaben (vom Rollenspiel bis zum Video-Einsatz) helfen die Sicherheit im Umgang mit Ratsuchenden zu trainieren.

»Aufgelockert durch Karikaturen und in gut verständlicher Sprache geschrieben, eignet sich dieses Buch sowohl zum Einzelstudium als auch zur Anleitung für eine Lehrergruppe, die sich in Sachen ›Beratungsfähigkeit‹ weiter qualifizieren will.«

Westermanns Pädagogische Beiträge

Sabine Bachmair et al.
Beraten will gelernt sein
Ein praktisches Lehrbuch für Anfänger und Fortgeschrittene
Beltz Taschenbuch 30, 179 Seiten
ISBN 3 407 22030 8

BELTZ
Taschenbuch